VITAMINE

Kristiane Müller-Urban
unter Mitarbeit von
Dr. oec. troph. Silke Hylla

VITAMINE

Mit 91 Rezepten,
exklusiv fotografiert
für dieses Buch
von
Hans Joachim Döbbelin

SIGLOCH
EDITION

Inhalt

Frisch zubereitete Frucht- und Gemüsesäfte sind eine gute Möglichkeit seinen Tagesbedarf an Vitaminen und Mineralstoffen zu decken.

Zur Abbildung auf Seite 2: „An apple a day keeps the doctor away" besagt ein altes englisches Sprichwort – und offensichtlich machen die im Apfel enthaltenen Vitamine auch Laune.

Gesund leben mit Vitaminen und Mineralstoffen

Nichts bewegt sich ohne die Zufuhr von Energie. Autos brauchen Benzin, andere Maschinen Strom und Pflanzen können nur mit Sonnenlicht wachsen und gedeihen.
Mensch und Tier beziehen ihre Energie aus der Nahrung. Die drei wichtigsten Nährstoffe, die den Menschen in Bewegung halten, heißen Kohlenhydrate, Eiweiß und Fett. Theoretisch könnte ein Mensch also von Brot, Magerquark und Butter leben. Aber abgesehen davon, dass das recht eintönig wäre, fehlt bei dieser Art von Ernährung etwas ganz Entscheidendes, nämlich Vitamine und Mineralstoffe.
Diese Mikronährstoffe liefern zwar keine Energie, aber sie sind verantwortlich dafür, dass der Stoffwechsel richtig abläuft, dass wir vor Krankheiten geschützt sind, dass wir kräftige Knochen und Zähne bekommen und dass Nerven und Muskeln richtig funktionieren.
Zu den *vitaminreichen* Nahrungsmitteln gehören Gemüse, Salat,

Treiben Sie's bunt! Die meisten Vitamine und Mineralstoffe, die für straffe Haut, feste Knochen, Zähne und Nägel, für glänzendes Haar und ein gutes Nervenkostüm sorgen, befinden sich in farbenprächtigen Pflanzen und Früchten. Bringen Sie also täglich etwas Grünes, etwas Rotes, etwas Gelbes und etwas Weißes auf den Tisch.

Nehmen Sie sich Zeit Obst und Gemüse so oft wie möglich frisch einzukaufen und achten Sie bei allen Produkten auch auf die Herkunft.

Kartoffeln, Früchte, Produkte aus dem vollen Korn, Milch, mageres Fleisch, Fisch und Innereien.
Bei den Mineralstoffen handelt es sich um anorganische Verbindungen, die wir als Bau- und Regelstoffe benötigen. Unsere Zähne und Knochen beispielsweise enthalten Calcium und Phosphor, also müssen wir diese Stoffe in ausreichender Menge aufnehmen. Mineralstoffe sind außerdem unerlässlich für die Blutbildung, den Wasserhaushalt und das Immunsystem des Menschen.
Mineralstoffreich sind Gemüse, Salat, Kräuter, Milch und fettarme Milchprodukte, Kartoffeln, Vollkornprodukte (Brot, Nudeln, Reis), Fisch, mageres Fleisch und wiederum Innereien.
Nimmt der Mensch nur ein Vitamin oder einen Mineralstoff zu wenig oder gar nicht auf, kommt es zu Leistungseinbußen bis hin zu schweren Erkrankungen.
Weil es – abgesehen von der Muttermilch für die ersten Lebensmonate des Säuglings – kein Nahrungsmittel gibt, das den Menschen mit allen lebensnotwendigen Nährstoffen bedarfsgerecht versorgt, müssen wir uns so abwechslungsreich und natürlich wie möglich ernähren.
In diesem Buch finden Sie nach der Einführung in die Welt der Vitamine und Mineralstoffe ausgewählte vitamin- und mineralstoffreiche Gerichte für jeden Tag, die sich leicht nachkochen lassen und die Ihnen die nötige Power zur Bewältigung des Alltags geben.

Natürlich geniessen – besser leben

Fragt man die Menschen, was sie unter gesunder Ernährung verstehen, wird an erster Stelle der Begriff vitaminreich genannt. Weiterhin glauben viele sich mit einer täglichen Obstration bereits ausreichend mit Vitaminen versorgt zu haben. Das ist aber nicht richtig. Obst deckt vor allem unseren Vitamin-C-Bedarf. Weitaus reichhaltiger ist der Vitamin- und Mineralstoffgehalt von frischem Gemüse, von Salaten und Kräutern. Lebensnotwendige Nährstoffe beziehen wir außerdem aus Eiern, Fleisch und Fisch, Milch und Milchprodukten, Getreide und Getreideprodukten, Kartoffeln sowie Butter, hochwertigen Pflanzenölen und natürlich Wasser.

Hier will Ihnen niemand Nougatpralinen, den üppig belegten Hamburger, einen Döner oder gar das Glas Champagner mit zwei Lachshäppchen verbieten.

Aber wenn Sie schöne glatte Haut haben wollen, kräftige Fingernägel, glänzende Haare, stabile Knochen, ein robustes Nervenkostüm, wenn Sie sich also rundherum pudelwohl fühlen möchten, wenn Ihnen Gesundheit und gutes Aussehen am Herzen liegen, dann ernähren Sie sich täglich vitamin- und mineralstoffreich und so abwechslungsreich wie möglich. Lassen Sie also möglichst alle von der Industrie verarbeiteten Nahrungsmittel im Regal liegen (Fertiggerichte, Fleisch- und Fischkonserven, Salatsaucen usw.). Kaufen Sie möglichst nur natürliche Produkte wie Getreide und Getreideprodukte aus dem vollen Korn, frisches Obst und Gemüse, frisches Fleisch und frischen Fisch. Und achten Sie bei allen Lebensmitteln auf die ökologische Herkunft.

Die richtige Ernährung von Anfang an

Zu keiner Zeit konnte sich der Mensch bei uns so vielfältig ernähren wie heute. Modernste Kühltechnik und weltumspannende Transportsysteme haben es erst möglich gemacht, dass heute im Supermarkt an der Ecke rund ums Jahr Fleisch und Fisch, Obst und Gemüse, Milch und Milchprodukte, Brot und Getreide immer frisch und zu bezahlbaren Preisen angeboten werden. Es ist also zunächst gar nicht zu verstehen, warum in unserem Land Menschen nicht ausreichend mit den lebensnotwendigen Vitaminen und Mineralstoffen versorgt sind. Gründe dafür gibt es aber viele.

Wer das Richtige isst, hat gut lachen. Für Kinder ist eine vitamin- und mineralstoffreiche Ernährung besonders wichtig.

Der Ernährungskreis der Deutschen Gesellschaft für Ernährung zeigt sieben Lebensmittelgruppen, von denen aus jeder der Gruppen 1 bis 5 etwas in der täglichen Ernährung enthalten sein soll. Von den Lebensmitteln aus den Gruppen 6 und 7 sollte nicht zu viel gegessen und stets auf Abwechslung geachtet werden.

Da wären zunächst einmal die modernen Lebensumstände zu nennen. Diese bedeuten: wenig Zeit und viel Stress!
Ernährungswissenschaftler empfehlen ein gesundes Frühstück in Ruhe zu Hause einzunehmen, sie raten zu einem ausgewogenen Mittagsmahl und einer leichten Abendmahlzeit, dazwischen sollen kleine Obst- oder Milchmahlzeiten dafür sorgen, dass es zu keinem Leistungstief infolge eines Nährstoffmangels kommt.
Doch wie sieht es im täglichen Leben aus? Den meisten Menschen fehlt es schon am frühen Morgen an der Zeit in Ruhe zu frühstücken. Statt einer notwendigen Pause zwischen acht und zwölf Uhr finden Konferenzen statt, wo Kaffee und Schokoplätzchen gereicht werden. Oder ein Kollege springt für jemand anderen ein und schon ist es wieder nichts mit der Pause.
Eine kurze Mittagspause reicht häufig gerade für einen schnellen Imbiss. Eltern geben ihren Kleinen gern eine Handvoll Geld mit auf den Schulweg statt belegter Brote und Obst. Für dieses Geld kaufen die Kinder natürlich lieber Chips und Flips oder Pommes rot-weiß und Eis.
Diese Speisen enthalten wie viele andere, die unter der amerikanischen Bezeichnung Fast Food – schnelles Essen – auch bei uns schnell beliebt geworden sind, meistens viel Fett, viel Zucker, wenig Ballaststoffe und so gut wie keine Vitamine und Mineralstoffe. Der tägliche Speiseplan zu Hause sieht häufig nicht viel besser aus, weil die Eltern nicht die Zeit haben aus frischen Zutaten

2

gesunde Mahlzeiten zuzubereiten. Dosen- und Fertiggerichte stehen auf dem Tisch, helles Brot, Butter oder Margarine, fettreicher Aufschnitt. Die beliebtesten Getränke bei den Kleinen sind Limo, Cola und süße Milchmixgetränke, bei den Erwachsenen Kaffee, Bier, Wein, Schnaps. Was bei dieser Ernährung fehlt? Täglich Brot und eine große Portion Reis, Nudeln oder Kartoffeln, Obst, Gemüse, Salat, Milch und Milchprodukte wie naturbelassener Jogurt, Magerquark, Buttermilch, Kefir, Dickmilch und Käse. Dazu in der Woche zwei- bis dreimal mageres Fleisch, zweimal frischen Seefisch und öfter mal ein Ei.

Der Ernährungskreis gibt uns einen guten Überblick über die Art und Menge der täglich zu verzehrenden Nahrungsmittel, die dafür sorgen, dass es zu keinem Vitamin- und Mineralstoffmangel kommt, die Versorgung mit anderen lebensnotwendigen Nährstoffen stimmt und die benötigte Energie pro Tag nicht überschritten wird. Wer schon in jungen Jahren lernt, was gesunde Ernährung heißt, der wird sicherlich auch später eher auf seine Ernährung achten.

Jeder von uns – ob allein, zu zweit oder in der Familie – sollte es auch zur guten Gewohnheit werden lassen wenigstens eine Mahlzeit am Tag in Ruhe und Harmonie am schön gedeckten Tisch zu genießen.

Es wäre gar nicht so schwer sich richtig und gesund zu ernähren, wenn nicht dieses Wörtchen wenn wäre:

- ***wenn** wir alle mehr über gesunde Ernährung wüssten*
- ***wenn** wir uns mehr Zeit zum Einkaufen und Kochen nehmen würden*
- ***wenn** wir so vernünftig wären, nach einem Tag Fast Food, am folgenden Tag mehr Obst, Gemüse, Kartoffeln und Milch zu verzehren*
- ***wenn** wir Kuchen, Süßwaren, fettreiche Speisen, Alkohol und süße Getränke nur sehr selten genießen würden*
- ***wenn** wir auf einseitige und Blitzdiäten verzichten würden.*

Täglich neue Energie aus der Nahrung

Die folgenden Nahrungsmittel sind reich an Kohlenhydraten, Ballast- und Nährstoffen:

- *Pellkartoffeln*
- *Vollkorngetreide (Hafer, Weizen, Dinkel, Grünkern, Buchweizen, Gerste, Roggen, Hirse)*
- *Naturreis*
- *Vollkorngrieß*
- *Vollkorngetreideprodukte (Brot, Gebäck, Nudeln, Müsli, Haferflocken, Getreideflocken)*
- *Hülsenfrüchte (Erbsen, Linsen, Bohnen, Kichererbsen, Sojabohnen)*
- *Beeren und Bananen*
- *Gemüse*

Kohlenhydrate und Ballaststoffe

Kohlenhydrate aus stärke- und ballaststoffhaltigen Lebensmitteln machen satt und halten lange vor. Ihr Anteil an unserer täglichen Ernährung soll zwischen 55 und 60 Prozent der Gesamtenergiezufuhr liegen.

> **!** *Die von der Deutschen Gesellschaft für Ernährung empfohlene Menge liegt bei rund 300 g Kohlenhydraten am Tag. Diese sind z. B. enthalten in: 300 g Brot, 250 g Kartoffeln, 300 g Früchten, 300 g Gemüse, 1/2 Liter Milch und 20 g Zucker.*

Kohlenhydrate bestehen aus Bausteinen, den Zuckermolekülen. Je nachdem, wie viele eine Kette bilden, spricht man von Einfachzucker (Traubenzucker), Doppelzucker (Rüben- und Rohrzucker oder Milchzucker) und Vielfachzucker (Stärke in Getreide, Kartoffeln, Gemüse und einigen Obstsorten). Zucker und Süßwaren enthalten Doppel- oder Zweifachzucker, sie gehen schnell ins Blut und halten nicht lange vor. Kohlenhydratreiche Nahrungsmittel mit Vielfachzucker sind komplizierter aufgebaut, sie werden im Körper langsam verdaut (in Einfachzucker gespalten) und erst dann an das Blut abgegeben. Daher ist der Mensch nach dem Genuss von 50 Gramm Vollkornbrot (das entspricht rund 100 kcal/420 kJ) länger satt als von einem 50-Gramm-Schokoriegel (das entspricht rund 280 kcal/1176 kJ).

Ballaststoffe sind ausschließlich in pflanzlichen Nahrungsmitteln enthalten. Obwohl sie vom Körper nicht verdaut werden, erfüllen sie als Füll- und Quellstoffe eine wichtige Aufgabe im Stoffwechsel. Ballaststoffe fördern die Verdauung.

> **!** *Der tägliche Bedarf an Ballaststoffen liegt bei etwa 30 Gramm. Diese sind enthalten in: 200 g geputzten Möhren, 1 Portion gekochten Hülsenfrüchten, 250 g Kartoffeln, 1 Apfel und 1 Scheibe Vollkornbrot.*

Eiweiß für Körper und Geist

Eiweiß (Protein) müssen wir unserem Körper täglich zuführen. Dieser Nährstoff kommt sowohl in tierischen wie in pflanzlichen Nahrungsmitteln vor. Im Darm wird das aufgenommene Protein in Aminosäuren zerlegt, von der Darmwand aufgenommen und im Körper in körpereigenes Eiweiß umgewandelt. Aminosäuren, die unser Körper nicht selber herstellen kann, müssen ihm mit der

Nahrung zugeführt werden. Diese Aminosäuren nennt man lebensnotwendig (essentiell). Besonders günstig auf unseren Organismus wirkt sich eine Kombination von tierischem und pflanzlichem Eiweiß aus. Einen guten Ergänzungswert besitzen:

- Brot und Getreide mit Milch, Fleisch oder Fisch
- Kartoffeln mit Ei, Milch, Quark oder Käse
- Hülsenfrüchte mit Getreide, Brot oder Ei.

Nicht jedes Eiweiß besitzt den gleichen Wert für den Körper, man spricht deshalb von der biologischen Wertigkeit, die besagt, wieviel Gramm Körpereiweiß durch ein Nahrungseiweiß ersetzt werden kann. Die biologische Wertigkeit von Eiern beträgt 100, die von Bohnen 72.

! *Folgende Nahrungsmittel sind reich an Eiweiß:*

- *Eiklar*
- *mageres Fleisch*
- *mageres Geflügelfleisch*
- *Seefisch (Kabeljau, Schellfisch, Seelachs, Rotbarsch, Hering, Makrele, Scholle)*
- *Milch und Milchprodukte (Jogurt, Kefir, Dickmilch, Buttermilch, Molke, Quark, Käse)*
- *Hülsenfrüchte*
- *Getreide*

Viele Erkrankungen gehen auf falsche Ernährung zurück. Falsch bedeutet zu viel, zu wenig, zu einseitig, zu salzig, zu süß, zu fett. Es wird zu viel Alkohol und viel zu wenig Wasser getrunken. Deshalb: täglich Obst, Gemüse und Kartoffeln, Milch, Milchprodukte und Vollkornbrot, dazu etwas mageres Fleisch oder Fisch und zwei Liter Flüssigkeit.

Fett macht die Vitamine A, D, E und K im Körper verfügbar und sorgt für Aroma im Essen. Es sollte aber immer maßvoll verwendet werden und von bester Qualität sein.

Fett hält fit

Fett versteckt sich gern. Viele, die sich fettarm ernähren möchten, verkneifen sich das Butterbrot, finden aber einen Müsli- oder Schokoriegel völlig in Ordnung. Sie realisieren nicht, dass in einem solchen Riegel etwa dreimal so viel Fett enthalten ist. Bei den Fetten unterscheidet man zwischen tierischem und pflanzlichem Fett. Beide liefern gleich viel Energie, unterscheiden sich aber im Fettsäuremuster. Fette enthalten gesättigte Fettsäuren, einfach ungesättigte und mehrfach ungesättigte Fettsäuren. Einige mehrfach ungesättigte Fettsäuren wie die Linolsäure sind lebensnotwendig (essentiell).

Tierische Fette, gehärtete Plattenfette und Kokosfett enthalten überwiegend gesättigte Fettsäuren, während bei den pflanzlichen Fetten die einfach und mehrfach ungesättigten Fettsäuren überwiegen. Die ungesättigten Fettsäuren tragen dazu bei, den Cholesterinspiegel zu senken. Wer Fett generell verteufelt, der tut ihm unrecht. Fette sorgen dafür, dass unsere Organe elastisch bleiben, der Körper genügend Energie bekommt, auch für „schlechte Zeiten" Energievorräte bereitstehen und dass unser Körper die fettlöslichen Vitamine A, D, E und K aufnehmen kann. Bei den mehrfach ungesättigten Fettsäuren ist es besonders die

> **!** *Die Deutsche Gesellschaft für Ernährung empfiehlt 30 Prozent der Energiezufuhr mit Fett zu decken. Das entspricht täglich ungefähr 70 g Fett, davon sollte jeweils ein Drittel über gesättigte, einfach und mehrfach ungesättigte Fettsäuren gedeckt werden.*
> *Ein Beispiel:*
> *Mit 25 g Butter, 20 g hochwertigem Pflanzenöl, 1/4 Liter Vollmilch/Jogurt, 100 g magerem Fleisch oder Fisch und 50 g magerer Wurst oder fettarmem Käse haben Sie bereits 65 bis 70 g Fett aufgenommen.*

Linolsäure, die zum Leben wichtig ist. Sie ist Baustoff für Zellwände, Hormone, Gallensäure und die körpereigene Vitamin-D-Bildung. Menschen, die einen Mangel an mehrfach ungesättigten Fettsäuren erleiden, können Mangelsymptome wie vermindertes Wachstum, Hauterkrankungen, Nierenschäden, einen gestörten Wasserhaushalt sowie Sterilität aufweisen. Trotzdem sollten Fette nicht im Übermaß aufgenommen werden, sie liefern doppelt so viele Kalorien wie Kohlenhydrate und Eiweiß. Besonders das tierische Fett sollte reduziert werden. Sichtbares Fett an Fleisch und Aufschnitt am besten immer wegschneiden. Ein Übermaß an tierischen Fetten kann auch das Herzinfarktrisiko erhöhen.

Reduzieren Sie den Verzehr von Streichfetten und bevorzugen Sie fettarme Zubereitungsarten wie Dünsten oder das Garen über Dampf, im Tontopf oder in Bratfolie. Achten Sie insbesondere auf versteckte Fette, z. B. in Fleisch, Wurst, Käse, Süßwaren und Kuchen.
Die in Seefisch enthaltenen Omega-3-Fettsäuren können sich günstig auf unsere Gefäße und das Herz auswirken. Deshalb sollten Sie auch zweimal die Woche oder öfter Seefisch wie Makrele, Hering oder Lachs auf den Speisezettel setzen.

> **!** *Diese Lebensmittel sind für eine fettarme Ernährung geeignet:*
> - *mageres Fleisch und Geflügel, Wild*
> - *magerer Fisch*
> - *magerer Aufschnitt wie Corned Beef, Lachsschinken, Bratenaufschnitt, gekochter Schinken*
> - *Käse mit einem Fettgehalt von 30 Prozent Fett in der Trockenmasse (besonders fettarm ist Harzer Käse)*
> - *Magerquark*
> - *fettarme Milch, Buttermilch*
> - *alle Früchte, Gemüse- und Salatsorten*
> - *Brot und Knäckebrot*

Fett *(Angaben in Prozent)*	*GF*	*EUF*	*MUF*
Kokosfett	*92*	*7*	*1*
Palmöl	*50*	*38*	*11*
Butter	*57*	*23*	*3*
Olivenöl	*18*	*73*	*9*
Weizenkeimöl	*19*	*16*	*65*
Sojaöl	*17*	*21*	*61*
Sonnenblumenöl	*17*	*22*	*61*
Distelöl	*14*	*12*	*74*

GF = gesättigte Fettsäuren
EUF = einfach ungesättigte Fettsäuren
MUF = mehrfach ungesättigte Fettsäuren

Wichtig ist täglich einiges „über den Durst“ zu trinken. Dazu eignen sich am besten Wasser, Mineralwasser, Tee oder verdünnte Frucht- und Gemüsesäfte. Trinkt man permanent zu wenig, sammeln sich Schadstoffe im Körper an und auf Dauer kann es zu Nierenschäden kommen.

Nährstoffreiche Lebensmittel

Es gibt Lebensmittel, die eine niedrige Nährstoffdichte aufweisen, dazu gehört in erster Linie der Zucker. Die Nährstoffdichte wird definiert als der Quotient zwischen dem Nährstoffgehalt und dem Brennwert. So kann der Gehalt an Nährstoffen – besonders der von Vitaminen – bezogen auf die gleichzeitige Energiezufuhr ausgedrückt werden.
Auch Brot, Gebäck und Nudeln aus ausgemahlenem, hellem Mehl weisen eine niedrige Nährstoffdichte im Vergleich zu Produkten aus vollem Korn auf. Das Gleiche gilt für Fertigprodukte (Tütensuppen, Fertiggerichte), aber auch Pizza, Döner, Hotdogs, Hamburger, Nudeln mit Ketchup und Pommes frites mit Mayonnaise. Frühstücks-Zerealien wie Cornflakes und Müslimischungen werden zwar häufig mit Vitaminen und Mineralstoffen angereichert, frische und frisch zubereitete Nahrung enthält jedoch darüber hinaus eine Reihe wertvoller Stoffe (ätherische Öle, Geruchs- und Geschmacksstoffe), deren Wirkung noch nicht vollständig erforscht ist. Bekannt ist aber bereits, dass sie sich positiv auf den menschlichen Organismus auswirken.

> **!** *Hier ein Beispiel für den Nährstoffgehalt zwei verschiedener Brotsorten.*
>
> *50 g Weißbrot enthalten etwa:*
> *3,5 µg Vitamin A,*
> *0,03 mg Vitamin B_2 und*
> *0,13 mg Pantothensäure.*
>
> *50 g Vollkornschrotbrot enthalten etwa:*
> *40 µg Vitamin A,*
> *0,7 mg Vitamin B_2 und*
> *1,0 mg Pantothensäure.*

Lebenselixier Wasser

Haben Sie gewusst, dass man viele Tage ohne Nahrung auskommen kann, aber bereits nach zwei bis drei Tagen stirbt, wenn man nichts zu trinken bekommt? Der Mensch muss unter normalen Bedingungen 1,5 bis 2 Liter Flüssigkeit täglich aufnehmen. Zusätzlich liefert die feste Nahrung noch etwa 1 Liter Flüssigkeit. Die aufgenommene Flüssigkeit dient als Baustoff, Lösungsmittel, zur Temperaturregulation und transportiert in Form des Blutes die verschiedenen Stoffe durch den Körper.
Die Flüssigkeitszufuhr muss erhöht werden bei hohen Außentemperaturen, schweißtreibender Arbeit und beim intensiven Sport. Gerade Sportlern wird empfohlen, sich mit Obstsaft (am besten

Apfelsaft) und Mineralwasser im Verhältnis 1 zu 3 bis 4 oder Zitronentee (schwarzer Tee mit viel Zitronensaft und etwas braunem Zucker) zu erfrischen. Isotonische Getränke mit wenig Zucker sind ebenfalls geeignet. Nicht empfohlen werden Limonaden und Cola-Getränke, reine Obstsäfte, jeglicher Alkohol, schwarzer Kaffee und Energydrinks.

Nicht nur Sportler, sondern auch viele junge und alte Menschen vergessen einfach ausreichend zu trinken. Hier muss der Mensch umlernen. Wer erst zur Flasche greift, wenn ihn der Durst plagt, begeht einen Fehler. Am besten trinkt man regelmäßig über den Tag verteilt rund 2 Liter Flüssigkeit. Am einfachsten ist es, sich jeden Morgen die empfohlene Menge Mineralwasser bereitzustellen und/oder Tee zu kochen und nach und nach zu trinken. Wasser ist bei uns das am besten überwachte Lebensmittel. Zum Durstlöschen ist Leitungswasser gut geeignet – und am billigsten. Wasser hat für manche vielleicht den Nachteil, dass es geschmacksneutral ist. Auf der Straße kann man aber häufig beobachten, dass deutsche Kleinkinder an einer Flasche mit Saft oder Limonade nuckeln, während Kinder aus anderen Ländern sich mit Trinkwasser zufrieden geben. Es wird also schon in den ersten Lebensjahren festgelegt, was zum bevorzugten Getränk des Erwachsenen wird. Milch ist übrigens kein Durstlöscher, sondern ein Nahrungsmittel.

Mit einem Entsafter zaubern Sie aus Gemüse und Früchten im Handumdrehen gesunde Drinks für zwischendurch. Rezepte finden Sie auf den Seiten 64 und 66 in diesem Buch.

Den Vitaminen auf der Spur

Seit Urzeiten ist den Menschen bewusst, dass gesunde Ernährung lebenswichtig ist. Aber erst in diesem Jahrhundert entdeckte man die Substanzen, die wir heute als Vitamine und Mineralstoffe kennen.

Vitamine, und zwar sowohl der Begriff als auch die Substanzen, waren bis zum Ende des vorigen Jahrhunderts unbekannt. Niemand wusste, dass diese Stoffe lebensnotwendig sind und mit der Nahrung aufgenommen werden müssen. Bekannt war seit dem 18. Jahrhundert, dass man die gefürchtete Krankheit Skorbut, die besonders unter Seeleuten viele Opfer forderte, mit Orangen, Zitronen und mit Sauerkraut verhindern konnte. Die Ascorbinsäure, das Vitamin C, wurde jedoch erst 1932 aus Zitronen isoliert.

Der niederländische Arzt Christiaan Eijkman (1858–1939) erkannte 1897 in Ostasien, dass die gefürchtete Krankheit Beriberi (Herz-Kreislauf-Störungen sowie neurologische Störungen) darauf zurückzuführen war, dass sich die Menschen seit einer bestimmten Zeit hauptsächlich von poliertem Reis ernährten – ohne Gemüse- und Fleischzusatz. In der von modernen Maschinen entfernten Schale mussten sich also lebenswichtige Stoffe befinden. Erst 1914 entdeckte der amerikanische Biochemiker Casimir Funk (1884–1967) diesen Stoff, den er Vitamin nannte (Vita = Leben, Amin= für Amine – eine Stickstoffverbindung). Später fand man heraus, dass es auch aminfreie Vitamine gibt, so war dann die Bezeichnung zwar für viele Substanzen nicht richtig, aber man behielt das Wort bei. Die von Funk entdeckte Substanz erhielt die Bezeichnung B_1 (Thiamin). Beriberi verschwand erst wieder, als die Bevölkerung sich wie früher von ungeschältem Reis ernährte.

Etwa zur gleichen Zeit isolierten die beiden Amerikaner McCollum und Davis das fettlösliche Vitamin A, das sogenannte Augenvitamin. Dieses Vitamin spielt die entscheidende Rolle bei der Umwandlung von Licht in elektrische Signale, die über Nervenimpulse zur Sinneswahrnehmung führen. Erstes Anzeichen eines Vitamin-A-Mangels ist deshalb auch Nachtblindheit.

Eine andere Vitaminmangelerkrankung ist die Pellagra (pelle = Haut, agra = rau). Erkrankte Menschen leiden unter Appetitlosigkeit, Schwäche und rissiger Haut. Pellagra trat früher dort auf, wo sich die Menschen hauptsächlich von Maisbrei ohne oder mit sehr wenig tierischen Produkten wie Fleisch und Milch ernährten. 1939 entdeckte man den zum Vitamin-B-Komplex

gehörenden Stoff Niacin (Nicotinsäure und Nicotinamid), der sowohl in pflanzlicher Nahrung wie Getreide als auch in tierischer Nahrung vorkommt. Der entscheidende Zusammenhang zwischen Maiskonsum und Pellagra ist die niedrige Konzentration von Niacin und dessen Vorstufe, die Aminosäure Tryptophan. Wird Mais mit einem anderen Getreide wie Weizen gemischt oder durch die Beigabe von Fisch oder Fleisch aufgewertet, kann keine Pellagra entstehen. Rachitis ist ebenfalls eine Vitaminmangelerkrankung. In diesem Fall fehlt Vitamin D. Es wurde 1920 entdeckt. Man fand heraus, daß es unter anderem unter Einwirkung des Sonnenlichts (UV-Strahlung) in der Haut gebildet wird. Deshalb sollte man sich täglich mindestens 1 Stunde, besser 2 Stunden im Freien aufhalten. Und deshalb sollen Babys und Kinder auch täglich im Freien spazieren gefahren werden oder spielen. Vitamin D sorgt außerdem dafür, dass das mit der Nahrung aufgenommene Calcium verwertet werden kann – und somit für ein festes Knochengerüst.

Rachitis ist eine Erkrankung, die zunächst bei Kindern beobachtet wurde, die unter Tage arbeiten mussten oder in Häusern und Hinterhöfen wohnten, wo kaum ein Sonnenstrahl hinfand. Sie ist auf mangelndes Vitamin D zurückzuführen, das mit Hilfe des Sonnenlichts in der Haut gebildet wird.

Frische Beeren und Früchte sind ausgezeichnete Vitamin- und Mineralstofflieferanten. Mit ihren ätherischen Ölen, Farb- und Gerbstoffen sorgen sie zudem für Gelassenheit, einen guten Appetit und eine ebensolche Verdauung.

Wasserlösliche und fettlösliche Vitamine

Grundsätzlich unterscheidet man zwischen wasserlöslichen und fettlöslichen Vitaminen.
Zu den *wasserlöslichen* Vitaminen gehören die acht Vitamine des B-Komplexes sowie das Vitamin C. Nahrungsmittel, die wasserlösliche Vitamine enthalten, sollten nicht lange im Wasser liegend gewaschen werden. Zu viel aufgenommene wasserlösliche Vitamine werden größtenteils mit dem Urin ausgeschieden.
Wasserlösliche Vitamine sind in Getreide, Obst und Gemüse, Kartoffeln, Salaten, Kräutern und in tierischen Nahrungsmitteln wie Fleisch, Milch und Käse enthalten.
Die *fettlöslichen* Vitamine sind A, Betacarotin (Vitamin-A-Vorstufe) D, E und K. Im Übermaß verabreicht können sie gesundheitsschädlich sein. Es wird empfohlen, Nahrungsmittel mit fettlöslichen Vitaminen stets mit ein wenig Fett zu verzehren. Vitamin A befindet sich ausschließlich in tierischen Nahrungsmitteln, besonders in Leber. Das Pro-Vitamin A (Betacarotin) befindet sich in allen grünen und orangenfarbenen Gemüse- und Obstarten. Vitamin E befindet sich in pflanzlichen Fetten und Ölen, Getreide, Nüssen und Gemüse.
Vitamin D befindet sich hauptsächlich in Lebertran sowie in fettreichen pflanzlichen und tierischen Nahrungsmitteln wie Fisch, Eier und Avocados.
Vitamin K befindet sich in fettreichen Milchprodukten, Fleisch, Getreide sowie in bestimmten Gemüsearten (Kohl, Spinat).

Mineralstoffe – Mengenelemente und Spurenelemente

Mineralstoffe sind anorganische Elemente, die der Mensch über seine Nahrung aufnehmen muss. Man teilt sie in Mengen- und Spurenelemente ein. Sie werden in kleinsten Mengen (Milligramm = ein hundertstel Gramm oder Mikrogramm = ein tausendstel Gramm) mit der Nahrung aufgenommen und sind unverzichtbar für unser Blut, unsere Knochen, Nerven, Hormone, Muskeln sowie für viele andere lebensnotwendige Funktionen in unserem Körper. Weniger als 5 Prozent unseres Körpers besteht aus Mineralstoffen.

Funktion und Bedeutung der Mengenelemente Natrium, Chlor, Kalium, Calcium, Phosphor, Mag-

Permanente Müdigkeit, Konzentrationsschwäche und eine schlechte Haut können erste Anzeichen für einen Vitamin- und Mineralstoffmangel sein.

nesium und Schwefel sind weitgehend bekannt. Das Geheimnis um Spurenelemente wie Arsen, Cobalt, Chrom, Kupfer, Fluor, Eisen, Jod, Mangan, Molybdän, Nickel, Selen, Silicium, Zinn, Zink und Vanadium konnte die Wissenschaft noch nicht vollständig lüften. Bekannt ist, dass bestimmte Spurenelemente wie Chrom, Selen und Zink wichtige Schutzfunktionen im Körper ausüben. Vom Eisen weiß man, dass es ein Bestandteil des Blutes und unerlässlich für den Sauerstofftransport im Körper ist. Bleichsucht, also eine fahle Gesichtsfarbe, weist auf einen Eisenmangel hin. Es gab Zeiten, da steckte man rostige Nägel in Äpfel und verabreichte sie den Bleichsüchtigen. Heute wird nur bei extremem Eisenmangel ein entsprechendes Eisenpräparat verordnet. Besser ist es natürlich, eisenhaltige Lebensmittel (Fleisch, Leber, Spinat, Vollkornprodukte) zusammen mit Vitamin-C-haltigen Getränken (Orangensaft) oder Beilagen (Paprika- oder Tomatensalat) in ausreichender Menge zu verzehren, denn Vitamin C erleichtert die Eisenaufnahme noch zusätzlich.

Deutschland gehört zu den Ländern, in denen ein Großteil der Bevölkerung einen Jodmangel aufweist. Die Folge: ein Kropf. Der Italiener Francesco da Rimini malte schon im 15. Jahrhundert eine Madonna mit vergrößerter Schilddrüse. Zur besseren Jodversorgung empfiehlt die Deutsche Gesellschaft für Ernährung zweimal in der Woche Seefisch zu verzehren. Empfehlenswert ist es auch, alle Speisen mit jodiertem Speisesalz zu würzen.

Freie Radikale und Antioxidantien

Bei den freien Radikalen handelt es sich um sehr aggressive Sauerstoffverbindungen, die unserem Körper schaden können. Sauerstoffradikale werden auch natürlicherweise im Körper gebildet. Eine gesundheitsschädigende Mehrproduktion ist möglich bei Rauchern, Luftverschmutzung, starker UV-Strahlung und Entzündungsprozessen. Dann kommt es zu Schädigungen des Zellkerns und Proteinveränderungen. Freie Radikale lassen die in unserem Körper vorhandenen mehrfach ungesättigten Fettsäuren regelrecht schlecht werden, sie oxidieren. Die Folge ist eine Zerstörung der Zellwände bis hin zum Zelltod. Diese zerstörerischen Verbindungen sind unter anderem

auch an der Entstehung chronischer Erkrankungen wie Krebs und Arteriosklerose beteiligt. Der Ernährung kommt als Lieferant natürlicher Antioxidantien (Schutzstoffe gegen Sauerstoffradikale) eine wichtige Bedeutung zu. Die Vitamine E, C und Betacarotin können unsere Zellen schützen, indem sie die freien Radikalen abblocken. Die Forschung läuft zur Zeit auf Hochtouren um herauszufinden, ob und in welcher Form Vitamine als Radikalfänger eingesetzt werden können.

Deshalb sollten zu unserer täglichen Ernährung Vitamin-C-haltige Lebensmittel wie Paprikaschoten, Zitrusfrüchte, Kartoffeln und Beeren gehören. Vitamin-E-haltig sind Nüsse und Samen, hochwertige Pflanzenöle und Avocados. Betacarotin ist enthalten in Möhren, Aprikosen, Spinat, Brokkoli und Paprikaschoten. Andere Nahrungsmittel mit antioxidativen Eigenschaften sind Grünkohl, Tomaten, Mangos, Papayas und viele andere pflanzliche Nahrungsmittel.

Wann muss die Vitamin- und Mineralstoffzufuhr erhöht werden?

Wer sich vollwertig und nach den Regeln des Ernährungskreises ernährt (siehe Seite 8/9), reichlich trinkt, etwas Sport treibt und auf Genussgifte wie Süßes, Salziges, Fettreiches, Alkohol und Fast Food weitestgehend verzichtet, muss keinen Vitamin- und Mineralstoffmangel befürchten. Auch

Ebenso wichtig wie eine ausgewogene Ernährung ist Bewegung an der frischen Luft. Leistungssportler haben allerdings einen erhöhten Vitamin- und Mineralstoffbedarf.

CHATEAU
PEROUSE
GROW

auf Vitamin- und Mineralstoffpräparate kann der gesunde Erwachsene dann mit ruhigem Gewissen verzichten.
Wer allerdings aus falschem Schönheitsideal permanent zu wenig Nahrung zu sich nimmt, nimmt auch zu wenig Vitamine und Mineralstoffe auf. Wer sehr intensiv Sport treibt und dabei stark schwitzt, hat einen höheren Vitamin- und Mineralstoffbedarf. Das Gleiche trifft auf Schwangere und Stillende zu und ebenso auf alte, alleinstehende und einsame Menschen oder solche, die auf bestimmte Medikamente angewiesen sind. Das sind Diabetiker, Rheuma- und psychisch Kranke, Epileptiker und Menschen, die mehr oder weniger ständig Abführmittel, magensäurebindende Mittel oder die Antibabypille einnehmen. Schilddrüsenpräparate und cortisonhaltige Medikamente entziehen dem Körper Kalium und Calcium.
Wer ständig ein Medikament konsumiert, sollte seinen Ernährungszustand von Zeit zu Zeit beim Arzt überprüfen lassen. Häufig kommt es nämlich zur Unterversorgung mit dem Vitaminen B_1, B_6, B_{12}, C, D, Folsäure und den Mineralstoffen Calcium, Kalium, Eisen und Jod.

Gibt es Vitaminräuber?
Jahrelang wurde propagiert, dass Zucker und zuckerhaltige Nahrungsmittel dem Körper Vitamin B_1 und Calcium rauben. Heute weiß man, dass Zucker kein Calcium im Körper abbaut und dass er dem Körper auch kein Vitamin B_1 entzieht, dieser aber für den Zuckerabbau im Stoffwechsel sehr wohl Vitamin B_1 benötigt.

Woran erkennt man einen Vitamin- und Mineralstoffmangel?
Der Mensch ist ein sehr robuster Organismus. Er kann lange Zeit ohne ausreichende Ernährung mit wenigen Vitaminen und Mineralstoffen überleben. Aber irgendwann häufen sich die Infektionskrankheiten, die Konzentration lässt nach, die Haare werden stumpf und fallen aus und die Haut wird weniger elastisch. Möglicherweise entstehen Zahnfleischentzündungen, Risse an den Mundwinkeln, brüchige Fingernägel und Ekzeme. Wenn mehrere der hier aufgeführten unspezifischen Krankheitsanzeichen auf Sie zutreffen, sollten Sie mit Ihrem Arzt sprechen. Denn letztendlich kann es durch ständigen Vitaminmangel zu irreparablen, lebensbeeinträchtigenden Erkrankungen kommen.

Obst und Gemüse sollten immer frisch eingekauft und so schnell wie möglich verzehrt werden. Wenn Sie ein Mal in der Woche Obst kaufen, hübsch in Schalen aufschichten und einige Zeit davon essen möchten, sollten Sie wissen, dass sich mit jedem Tag Lagerung der Vitamin-C-Gehalt verringert. Also lieber öfter einkaufen und Obst wie Gemüse im Gemüsefach des Kühlschranks aufbewahren.

Tipps und Tricks für die Vitaminküche

Um in den ganzen Genuss aller wertvollen Inhaltsstoffe zu kommen sollten vorbereitete Gemüse, Salat und auch Obst unzerkleinert und nur kurz unter fließendem Wasser gewaschen werden.

Obst und Gemüse richtig vorbereiten

Äpfel, Birnen, Pflaumen, Kirschen, Beeren jeder Art (bis auf Himbeeren), Pfirsiche, Nektarinen und Weintrauben werden am besten sorgfältig unter fließendem lauwarmem Wasser abgespült. Größere Früchte werden anschließend mit einem sauberen Tuch trockengerieben, kleinere Früchte gut abtropfen lassen. Himbeeren nur bei starker Verschmutzung abspülen, ansonsten genügt ein Blick ins Innere, ob sich dort vielleicht ein Würmchen oder eine Spinne verkrochen hat. Hartschalige Früchte für empfindliche Menschen am besten mit einem Sparschäler schälen. Zitrusfrüchte sollten, will man die Schale verzehren, nur unbehandelt gekauft, in jedem Fall aber vor dem Schälen abgespült und trockengerieben werden. Das köstliche Fruchtfleisch vieler exotischer Früchte ist von einer dicken, harten Außenhaut umgeben (Ananas, Granatäpfel, Cherimoya usw.), die natürlich weggeschnitten wird. Sie können diese Früchte auch halbieren und das Fruchtfleisch herausschneiden oder herauslöffeln.
Kohlgemüse wird von den äußeren Blättern und dem inneren Strunk befreit. Möhren werden geschabt oder mit einem Sparschäler dünn geschält, ebenso Sellerie, Staudensellerie, Kohlrabi, Rote Bete, Spargel und Schwarzwurzeln. Bei den grünen Bohnen und Zuckerschoten werden nur die äußeren Enden weggeschnitten, ebenso bei Zucchini und Auberginen. Von Lauch und Frühlingszwiebeln werden die Wurzeln und die oberen, dunkelgrünen Teile entfernt. Lauch am besten der Länge nach aufschneiden und gründlich unter fließendem Wasser waschen. Tomaten und Paprikaschoten sollten wegen des Nährstoffgehalts direkt unter der Schale nicht geschält werden. Bei den Tomaten entfernt man den grünen Stielansatz, bei den Paprikaschoten außerdem die Trennwände und die Kerne. Blumenkohl und Brokkoli werden in Röschen geteilt, Brokkolistiele werden geschält und klein geschnitten. Bei den Blattsalaten sind die äußeren Blätter und die dicken Blattrippen, beim Spinat und Grünkohl die Stiele und dicken Blattrippen zu entfernen. Geschältes und vorbereitetes Gemüse, Salat und Obst immer nur kurz waschen (nicht im Wasser liegen lassen!), zerkleinern und dann sofort zubereiten.

Kräuter schnell unter lauwarmem Wasser abspülen und trockenschleudern. Erst kurz vor dem Anrichten grob schneiden oder hacken und über die Speisen streuen.

Vitamin- und mineralstoffschonende Garmethoden

Durch zu langes Garen werden viele Nährstoffe vernichtet. Gemüse wird vitaminschonend im Dampf gegart. Dafür gibt es im Fachhandel einen praktischen Siebeinsatz, der in fast jeden Topf paßt. Inzwischen sind auch Elektrogeräte zum Dampfgaren erhältlich. Auch mageres Fleisch und Fischfilets lassen sich im Dampf garen. Für einen besseren Geschmack können Sie das Wasser mit vielen Kräutern und Gewürzen anreichern. Ohne Dampfgarer wird das Gemüse in sehr wenig Salzwasser nur so lange im geschlossenen Topf gegart, bis es bissfest ist. Gemüsebrühe nicht fortgießen, sondern für Suppen, Saucen, Dressings oder zum Trinken verwenden. Fleisch und Fisch können auch in Bratschläuchen oder Tontöpfen mit Kräutern und Gemüse im eigenen Saft gegart werden. Diese Garmethode spart Salz und Fett und die Speisen behalten ihren typischen Geschmack. Obst sollte nur kurz in wenig Flüssigkeit (Wasser, Fruchtsaft oder Wein) für Kompott gegart werden.

Frisches Gemüse muss schnell verarbeitet und sorgfältig gegart werden. Notfalls kann man auf Tiefkühlware ausweichen. Sie ist allemal vitaminreicher als überlagertes Gemüse.

Sprossen und Keime
selber ziehen

Die folgenden Samen können Sie in 3 bis 7 Tagen zum Keimen bringen: Adzukibohnen, Alfalfa (Luzerne), Bockshornklee, Buchweizen, Erbsen, Gerste, Hafer, Hirse, Kichererbsen, Kresse, Kürbiskerne, Leinsamen, Linsen, Mungbohnen, Rettich, Radieschen, Roggen, Senf, Sesam, gelbe Sojabohnen, Sonnenblumenkerne und Weizen.

Hier geht es nun um ein Nahrungsmittel, das Sie so frisch, vitaminreich und schadstoffarm nirgends kaufen können. Die Rede ist von selbst gezogenen Keimen und Sprossen.
Beim Auskeimen der Samen erhöht sich ihr Gehalt an Vitaminen in wenigen Tagen um ein Vielfaches.
Gut gereinigte Samen erhalten Sie in Reformhäusern und Naturkostläden. Dort finden Sie außerdem einige interessante Samenmischungen für den besonderen Geschmack. Für dieses höchst gesunde Nahrungsmittel brauchen Sie neben den Samen nicht viel: ein Einmachglas, einen luftdurchlässigen Stoff (dünnes Küchentuch, Mulltuch) oder ein Keimgerät aus Ton oder Kunststoff (aus dem Reformhaus oder Naturkostladen).
Geben Sie zunächst die gewünschte Menge (1 bis 2 Esslöffel) in eine Schüssel mit Wasser. Oben schwimmende und zerbrochene Samen sowie eventuelle Schmutzteilchen entfernen.
Das tönerne Keimgerät etwa 15 Minuten wässern und die Samen auf einer der durchlöcherten Schalen verteilen. Das untere Gefäß mit Wasser füllen und mit dem gewässerten Deckel verschließen.
Bei Verwendung des Kunststoffkeimgeräts oder des Glases empfiehlt es sich, die Samen einige Stunden zu wässern. Das Kunststoffgefäß wie das Tongefäß füllen. Bei Verwendung des Glasgefäßes werden die tropfnassen Samen auf den Boden gestreut. Das Gefäß mit dem Tuch abdecken und dieses mit Bindfaden befestigen. Anschließend das Gefäß kopfüber zum Abtropfen schräg auf einen Teller stellen. Danach wieder umdrehen.
Alle Samen morgens und abends unter kaltem Wasser abspülen und frisches Wasser in die Gefäße aus Ton und Kunststoff einfüllen. Das „verbrauchte" Wasser können Sie übrigens sehr gut zum Gießen Ihrer Zimmerpflanzen verwenden. Das Keimgefäß nie in die pralle Sonne, nie an die Heizung stellen. Ein heller Platz in der Küche ist genau richtig. Nach 3 bis 4 Tagen können Sie bereits mit dem

> **!** *Samen sind anspruchslos. Zum Keimen brauchen sie:*
> - *ein feuchtes (aber kein nasses) Milieu*
> - *eine gleichmäßige Temperatur zwischen 18 und 24 °C*
> - *ausreichend Sauerstoff (nicht zu viele Samen auf einmal zum Keimen bringen!)*
> - *einen hellen Ort*

Ernten der Sprossen beginnen. Die Keimdauer richtet sich auch nach der Temperatur. Alfalfa (Luzerne) sollte 7 Tage keimen, damit das unerwünschte Canavanin abgebaut wird.
Die fertigen Keime vor dem Verzehr unter kaltem Wasser abbrausen, dann gut abtropfen lassen und über Salate und Rohkostplatten, auf Butterbrote, in Suppen und andere Gerichte streuen.
Keime von Hülsenfrüchten sollten nach dem Abspülen der besseren Bekömmlichkeit wegen etwa 5 Minuten, Keime und Sprossen von Getreidekörnern 2 bis 3 Minuten in kochendem Wasser blanchiert werden. Sprossen und Keime, die Sie nicht am gleichen Tag verzehren, verpacken Sie gut abgespült in einer kleinen Kunststofftüte und legen sie in das Gemüsefach Ihres Kühlschranks.
Die Keimgefäße immer sehr gut mit kochendem Wasser abspülen.
Verschimmelte Keime und Sprossen vernichten.

Es gibt verschiedene Gefäße, in denen Samen zum Keimen gebracht werden können. Und für die Verwendung der kleinen Vitaminwunder bietet sich auf dem täglichen Speisezettel eine Vielzahl von Möglichkeiten.

Der Tag beginnt mit süßem Vogelgezwitscher, dann holt Sie der Wecker aus Ihren Träumen. Nach genüsslichem Recken und Strecken und einer erfrischenden Dusche bringt Sie ein ausgewogenes Frühstück richtig in Schwung und Sie können gut gelaunt ans Tagwerk gehen.

Morgendliche Muntermacher

Beerenstarke Müslis

ERDBEERMÜSLI
Für 1 Person
4 EL kernige Haferflocken
4 EL Milch, 1 EL Honig
2 EL Zitronensaft
1 EL Mandelmus (aus dem Reformhaus)
150 g Erdbeeren
1 TL Mandelblättchen
etwas Pfefferminze nach Belieben

Zubereitungszeit:
10–15 Minuten
Schwierigkeitsgrad:
1 von 3
Pro Portion etwa 456 kcal/ 1912 kJ, 13 g EW, 18 g F, 58 g KH, 8,7 g B.

HIMBEERMÜSLI
Für 1 Person
4 EL kernige Haferflocken
125 g Jogurt
2 EL Zitronensaft
1 EL Honig
1 TL Haselnussmus (aus dem Reformhaus)
100 g Himbeeren
1 reife Nektarine
etwas Zitronenmelisse nach Belieben

Zubereitungszeit:
10–15 Minuten
Schwierigkeitsgrad:
1 von 3
Pro Portion etwa 491 kcal/ 2051 kJ, 13 g EW, 14 g F, 73 g KH, 12,5 g B.

ERDBEERMÜSLI (oben)
Die kernigen Haferflocken mit 2 Esslöffeln Wasser beträufeln. Die Milch, den Honig, den Zitronensaft und das Mandelmus hinzufügen und alle Zutaten miteinander verrühren. Die Erdbeeren putzen, waschen und gut abtropfen lassen. Die Früchte je nach Größe halbieren, vierteln oder in Scheiben schneiden. Mit der Haferflockenzubereitung mischen. Die Mandelblättchen in einer trockenen Pfanne goldgelb rösten. Eine paar Pfefferminzblättchen waschen, trockentupfen und streifig schneiden. Beides übers Müsli streuen.

▸ *Dieses Müsli ist reich an den Vitaminen C, K, E und B_1 und den Mineralstoffen Magnesium, Kalium und Eisen.*

HIMBEERMÜSLI (unten)
Die Haferflocken mit dem Jogurt, dem Zitronensaft, dem Honig und dem Haselnussmus verrühren. Die Himbeeren verlesen, gegebenenfalls waschen und gut abtropfen lassen. Die Nektarine halbieren, nach Belieben enthäuten und in dünne Spalten schneiden. Die Früchte mit der Haferflockenzubereitung mischen. Ein paar kleine Melisseblättchen waschen und trockentupfen, dann das fertige Müsli damit garnieren.

▸ *Dieses Müsli ist reich an den Vitaminen K, C, E und B_1 und den Mineralstoffen Kalium und Magnesium.*

Der berühmte Schweizer Arzt Maximilian Bircher-Benner (1867–1939), dem man die Erfindung des Müsli zuschreibt, würde sich sehr wundern über die süße Flockenmischung, die sich viele morgens in ein Schälchen schütten und mit Milch aufgießen.
In seiner 1897 gegründeten Privatklinik stellte der Arzt Obst, Gemüse und Getreide in den Mittelpunkt der Ernährungstherapie. Aber zu seiner Zeit waren Früchte und Beeren kein beliebtes Nahrungsmittel. So entstand das „Bircher-Benner-Müesli". Das Original enthält 1 Esslöffel Getreideflocken, etwas Wasser, Milch, Sauermilch oder Jogurt, Zitronensaft, Honig und einen geriebenen Apfel. Alle Zutaten werden gemischt und mit Nüssen bestreut.
Ganz wichtig: Das Müsli wird kurz vor dem Verzehr zubereitet und stets am Anfang der Mahlzeit eingenommen.

Brei mit Früchten

HAFERBREI MIT ANANAS
Für 2 Personen
80 g Haferflocken
400 ml Milch
½ Vanilleschote
1 Stück unbehandelte Zitronenschale
½ Ananas
2 EL Zucker, 2 EL Butter
2 EL süße Sahne
1 EL Mandelblättchen
2 Stückchen Mokkaschokolade
1 Stängel Minze mit Blüte

Pro Portion etwa 595 kcal/ 2492 kJ, 14 g EW, 23 g F, 81 g KH, 5,5 g B.

BUCHWEIZENBREI MIT BIRNE
Für 2 Personen
100 g Buchweizenschrot
1 Stück Ingwer, 1 Birne
etwas Zitronensaft
1 unbehandelte Orange
100 ml süße Sahne
1 Msp. Jodsalz
2 EL Birnendicksaft
2 Riegel Zartbitterschokolade
1 TL ungesalzene, gehackte Pistazien
1 EL Sesam

Pro Portion etwa 555 kcal/ 2325 kJ, 9 g EW, 24 g F, 75 g KH, 6,9 g B.

Zubereitungszeit:
jeweils ca. 15–20 Minuten
Schwierigkeitsgrad:
beide 1 von 3

HAFERBREI MIT ANANAS (oben)
Die Haferflocken mit der Milch in einem Topf verrühren. Das Stück Vanilleschote aufschneiden, das Mark herausschaben, beides zusammen mit der Zitronenschale zu den Haferflocken geben und das Ganze unter Rühren bei kleiner Hitze 15 Minuten köcheln lassen. Inzwischen die Ananas schälen, den Strunk entfernen und die Frucht in kleine Stücke schneiden. Den Zucker mit der Butter in einer Pfanne zu einem hellen Karamell schmelzen lassen. Die Sahne dazugießen und die Ananasstücke darin kurz erwärmen.
Die Vanilleschote und die Zitronenschale entfernen. Den Haferbrei auf 2 tiefe Teller verteilen, die Ananasstücke in die Mitte setzen und mit den Mandelblättchen bestreuen. Die Schokolade darüber raspeln und den Brei mit etwas Minze garnieren.

▸ *Dieser Haferbrei ist reich an den Vitaminen K, C, B_1 und B_{12} und den Mineralstoffen Kalium, Calcium und Magnesium.*

BUCHWEIZENBREI MIT BIRNE (unten)
Den Buchweizenschrot in einem Topf gut mit Wasser bedecken und 20 Minuten abgedeckt köcheln lassen. Den Ingwer schälen und fein reiben. Die Birne waschen, vierteln und entkernen, dann in dünne Spalten schneiden und mit etwas Zitronensaft beträufeln. Die Orange heiß waschen, trockenreiben und einige Schalenstreifen abziehen. Die Frucht schälen und dabei auch die weiße Haut entfernen, die Filets lösen, Fruchtrückstände gut ausdrücken. Die Sahne bis auf 2 Esslöffel mit dem Ingwer, etwas Orangenschale und -saft in den Buchweizen rühren und das Ganze mit etwas Jodsalz und 1 Esslöffel Birnendicksaft abschmecken. Die Schokolade bei milder Hitze in der restlichen Sahne schmelzen. Den Brei auf 2 tiefe Teller verteilen, die Birnen- und Orangenspalten darauf legen, mit Birnendicksaft, Orangensaft und der Schokolade beträufeln. Zum Schluss mit Pistazien, Sesam und Orangenschale bestreuen.

▸ *Dieser Buchweizenbrei ist reich an den Vitaminen C und K und dem Mineralstoff Kalium.*

Getreidemüslis

TOMATENMÜSLI MIT FETA
Für 1 Person
½ Tasse Grünkernschrot
1 TL Gemüse-Hefebrühe-paste
2 Msp. getrocknete Kräuter der Provence
100 g Kirschtomaten
1 Frühlingszwiebel
5 schwarze Oliven
50 g Feta, 1 EL Olivenöl
Pfeffer aus der Mühle
einige Thymianblättchen

Pro Portion etwa 577 kcal/ 2418 kJ, 19 g EW, 31 g F, 55 g KH, 9,3 g B.

GRATINIERTES KOHLRABIMÜSLI
Für 1 Person
½ Tasse Weizenkörner
1 TL Gemüse-Hefebrühe-paste
½ Kohlrabi mit Grün
1 Stück rote Chilischote
1 Scheibe Lachsschinken
1 EL saure Sahne
1 EL Jogurt, Zitronensaft
2 EL geriebener Emmentaler
1 EL Kürbiskerne

Pro Portion etwa 454 kcal/ 1897 kJ, 25 g EW, 13 g F, 57 g KH, 11,4 g B.

Zubereitungszeit ohne Einweichzeit:
jeweils ca. 20 Minuten
Schwierigkeitsgrad:
beide 1 von 3

TOMATENMÜSLI MIT FETA (oben)
Den Grünkernschrot mit der doppelten Menge Wasser, der Hefebrühe und den Kräutern zum Kochen bringen und abgedeckt bei kleiner Hitze in 10 bis 15 Minuten ausquellen lassen. Inzwischen die Kirschtomaten waschen, trockenreiben, halbieren und die Stielansätze herausschneiden. Die Zwiebel putzen und die hellen Teile in feine Ringe schneiden. Die Oliven entsteinen, den Feta würfeln. Die abgekühlte Getreidezubereitung mit dem Olivenöl verrühren, die Tomaten, die Zwiebelringe, die Oliven und die Fetawürfel hinzufügen und alle Zutaten miteinander vermengen.
Vor dem Anrichten mit Pfeffer und Thymianblättchen bestreuen.

▸ *Dieses Müsli ist reich an den Vitaminen K, Folsäure, C und den Mineralstoffen Phosphor, Magnesium, Kalium, Calcium und Eisen.*

Verschiedene Hefebrühen, Getreidekörner und Körnermischungen bekommen Sie in Reformhäusern und Naturkostläden, wo man Ihnen die Körner gern schrotet oder mahlt.

GRATINIERTES KOHLRABIMÜSLI (unten)
Die Weizenkörner über Nacht in reichlich kaltem Wasser einweichen und kühl stellen. Dann die Körner mit der doppelten Menge Wasser und der Hefebrühe zum Kochen bringen und abgedeckt bei kleiner Hitze 15 bis 20 Minuten ausquellen lassen. Inzwischen den Kohlrabi schälen und sehr grob raspeln. Zartes Blattgrün waschen und streifig schneiden. Die Chilischote und den Lachsschinken sehr fein würfeln. Die Getreidezubereitung mit der sauren Sahne und dem Jogurt verrühren, dann mit etwas Zitronensaft abschmecken. Den Kohlrabi einrühren und alles auf einen feuerfesten Teller geben. Den Käse darüber streuen und kurz unter dem Grill oder im Backofen gratinieren. Die Kürbiskerne in einer trockenen Pfanne leicht rösten. Sobald der Käse geschmolzen ist, das Müsli herausnehmen und mit Kohlrabigrün, den Chili- und Schinkenwürfeln sowie den Kürbiskernen bestreuen.

▸ *Dieses Müsli ist reich an den Vitaminen C, B_1, K, Niacin, B_6 und den Mineralstoffen Magnesium, Kalium und Eisen.*

Mus muss sein

APFELMUS MIT LEINSAMENSPROSSEN
Für 2 Personen
1 großer säuerlicher Apfel
4 EL Apfelsaft
1 EL Zitronensaft
1 EL ungeschwefelte Sultaninen
1 EL fester Honig
1 Msp. Anispulver
1 Msp. Zimtpulver
2 EL Leinsamensprossen (siehe Seite 26)

Zubereitungszeit:
15 Minuten
Schwierigkeitsgrad:
1 von 3
Pro Portion etwa 140 kcal/ 584 kJ, 2 g EW, 1 g F, 31 g KH, 2,5 g B.

PFLAUMENMUS
200 g entsteinte Trockenpflaumen oder gemischtes Dörrobst
1 EL Mandelmus
1 Msp. Zimtpulver
1 Msp. Muskatblüte
1 Stück frischer Ingwer
1–2 EL Zitronensaft
2 EL gehackte Mandeln

Einweichzeit: *12 Std.*
Zubereitungszeit:
10 Minuten
Schwierigkeitsgrad:
1 von 3
Pro Portion etwa 195 kcal/ 816 kJ, 4 g EW, 6 g F, 30 g KH, 6,2 g B.

APFELMUS MIT LEINSAMENSPROSSEN (unten)
Den Apfel waschen, trockenreiben, vierteln und entkernen. Die Apfelviertel klein schneiden und mit dem Apfelsaft bei kleiner Hitze im geschlossenen Topf 10 bis 12 Minuten garen. Die weich gekochten Apfelstücke mit einer Gabel durchrühren. Den Zitronensaft, die Sultaninen, den Honig und die Gewürze hinzufügen.
Die Leinsamensprossen kurz unter kaltem Wasser abspülen, abtropfen lassen und mit der Apfelzubereitung mischen.
Dieser Brotaufstrich hält sich im Kühlschrank 2 bis 3 Tage.

▸ *Dieser Brotaufstrich ist reich an den Vitaminen C und K.*

PFLAUMENMUS (oben)
Die getrockneten Pflaumen über Nacht in reichlich kaltem Wasser einweichen. Dann einen Teil des Einweichwassers abschütten und aufbewahren. Die Pflaumen in dem restlichen Einweichwasser pürieren. Falls das Mus zu fest ist, noch etwas Einweichwasser dazugießen. Die Pflaumen mit Mandelmus, Zimtpulver und Muskatblüte würzen. Etwas frischen Ingwer hinzureiben und mit Zitronensaft abschmecken.
Die Mandeln in einer trockenen Pfanne leicht rösten und mit dem Pflaumenmus mischen.
Dieser Brotaufstrich hält sich im Kühlschrank etwa 1 Woche.

▸ *Dieser Brotaufstrich ist reich an den Vitaminen E, K und C und dem Mineralstoff Kalium.*

Trockenfrüchte bergen durch Wasserentzug reichlich Frucht- und Traubenzucker sowie Ballaststoffe in sich. Letztere fördern die Verdauung.
Pflaumen enthalten außerdem reichlich Vitamine der B-Gruppe; sie wirken sich positiv auf Stoffwechsel, Nerven und Leistungsfähigkeit aus. In Aprikosen findet sich viel Pro-Vitamin A und Niacin. Getrocknete Früchte sollten möglichst nicht geschwefelt sein, also achten Sie auch beim Einkauf in Reformhäusern und Naturkostläden gut darauf.
Geschwefelte Früchte gründlich abspülen, denn das zur Konservierung verwendete Schwefeldioxid zerstört nicht nur das Nervenvitamin B_1, sondern kann auch Kopfschmerzen und Durchfall auslösen.

Fruchtiges aufs Brot

ANANASCREME MIT KOKOS
1 Babyananas
¼ frische Kokosnuss
1 kleines Stück frischer Ingwer
1 EL Limettensaft
1 EL Keimöl oder Kokoscreme
1 EL Honig

Zubereitungszeit:
10 Minuten
Schwierigkeitsgrad:
1 von 3
Pro Portion etwa 153 kcal/ 639 kJ, 1 g EW, 12 g F, 11 g KH, 2,8 g B.

ZITRUSCREME MIT NÜSSEN
100 g Doppelrahm-frischkäse
1 Limette, 1 Orange
2 EL Orangenblütenhonig
1 EL Pinienkerne
1 EL ungesalzene Pistazien
1 EL Mandelblättchen

Zubereitungszeit:
15 Minuten
Schwierigkeitsgrad:
1 von 3
Pro Portion etwa 179 kcal/ 750 kJ, 5 g EW, 12 g F, 13 g KH, 1,8 g B.

Tipp:
Gesunde Brote, Brötchen und Hörnchen finden Sie auf den Seiten 50–56 in diesem Buch.

ANANASCREME MIT KOKOS
(oben)
Die Babyananas und das Stück Kokosnuss sorgfältig schälen und klein schneiden. Beides im Mixer oder mit dem Pürierstab nicht zu fein pürieren. Ein Stückchen Ingwer fein dazureiben, Limettensaft, Öl oder Kokoscreme sowie den Honig hinzufügen und alle Zutaten miteinander verrühren. Diese Creme hält sich im Kühlschrank 2 bis 3 Tage.

▸ *Diese Creme ist reich an Vitamin C.*

Christoph Kolumbus brachte Ende des 15. Jahrhunderts die ersten Ananasfrüchte von Guadeloupe nach Europa. Aber erst seit Mitte des 19. Jahrhunderts werden diese begehrten Früchte im großen Stil nach Europa eingeführt. Hervorzuheben ist der Gehalt an Vitamin C und einigen Spurenelementen. Von medizinischer Bedeutung ist das eiweißspaltende Enzym Bromelain. Es wirkt entzündungshemmend.
Das weiße Fleisch der Kokosnuss ist reich an gesättigten Fetten und Ballaststoffen sowie an Kalium und Eisen.

ZITRUSCREME MIT NÜSSEN
(unten)
Den Doppelrahmfrischkäse durch ein feines Sieb in eine Schüssel drücken. Die Limette heiß abwaschen, trockenreiben und etwas Schale zum Frischkäse reiben. Die Limette und die Orange wie einen Apfel schälen und dabei auch die weiße Haut entfernen. Die Filets lösen, etwas Orangensaft aus dem Fruchtrückstand zum Frischkäse drücken und verrühren. Den Honig und die klein geschnittenen Zitrusfilets vorsichtig unterheben. Die Pinienkerne, Pistazien und Mandelblättchen mittelfein hacken und mit der Frischkäsecreme mischen.
Diese Creme hält sich im Kühlschrank 2 bis 3 Tage.

▸ *Diese Creme ist reich an den Vitaminen C und K.*

Hirsecreme mit Tomaten

100 g Hirse
125 ml frisch gepresster Orangensaft
1 Knoblauchzehe
1 TL Tomatenmark
1 Frühlingszwiebel
300 g Tomaten
1 EL Kapern
2 EL Walnusskerne
4 schwarze Oliven
1 TL kaltgepresstes Olivenöl
1 TL frische Thymianblättchen
Balsamico-Essig
Jodsalz
Cayennepfeffer

Zubereitungszeit:
20–25 Minuten
Schwierigkeitsgrad:
1 von 3
Pro Portion etwa 187 kcal/ 785 kJ, 5 g EW, 7 g F, 25 g KH, 4,7 g B.

Die Hirse unter warmem Wasser abbrausen und mit 150 Milliliter Wasser abgedeckt 15 Minuten köcheln lassen. Den Orangensaft hinzufügen und den Hirsebrei neben dem Herd 10 Minuten ausquellen lassen. Zwischendurch öfter umrühren.
Währenddessen die Knoblauchzehe halbieren und eine Schüssel damit ausreiben. Die gekochte Hirse in die Schüssel mit dem Knoblauch geben und mit dem Tomatenmark mischen. Die Frühlingszwiebel fein würfeln und hinzufügen. Die Tomaten waschen, trockenreiben, vierteln und entkernen. Den Stielansatz entfernen und die Tomaten klein schneiden. Die Kapern, die Walnusskerne und die entsteinten Oliven nicht zu fein hacken. Alles mit dem Olivenöl, den Thymianblättchen und einigen Tropfen Essig zur Hirse geben, verrühren und mit Jodsalz sowie Cayennepfeffer abschmecken. Dieser Brotaufstrich hält sich im Kühlschrank 2 bis 3 Tage.

▸ *Diese Creme ist reich an den Vitaminen C, K, B_6, Pantothensäure und den Mineralstoffen Kalium und Magnesium.*

Hirse gehört zu den ältesten Getreidesorten. Die Hirsekörner müssen entspelzt werden, es gibt kein Hirsevollkorn. Diese kleinen goldenen Körnchen enthalten viel ungesättigte Fettsäuren und einige B-Vitamine, aber sehr zahlreich sind die im Korn enthaltenen Mineralstoffe und Spurenelemente. Der Eisengehalt ist rund dreimal so hoch wie bei Weizen.
Kapern, die in Salz oder Essiglake eingelegte Knospen des Kapernstrauchs, sind ein hochgeschätztes Würzmittel in der Mittelmeerküche. Im Altertum machte man aus ihnen eine heilkräftige Salbe.

Avocadocreme mit Kürbiskernen

1 große, reife Avocado
2–3 EL Zitronensaft
1 kleine Knoblauchzehe
1 kleine rote Chilischote
4 EL gehackter Kerbel
oder Petersilie
4 EL Kürbiskernsprossen
(siehe Seite 26)
oder Kürbiskerne
Jodsalz
1 große Tomate

Zubereitungszeit:
15–20 Minuten
Schwierigkeitsgrad:
1 von 3
Pro Portion etwa 221 kcal/ 926 kJ, 4 g EW, 21 g F, 4 g KH, 3,5 g B.

Die Avocado halbieren, den Kern entfernen und die Hälften schälen. Das Fruchtfleisch mit einer Gabel zerdrücken. Sofort den Zitronensaft einrühren, damit die Creme nicht braun wird. Die Knoblauchzehe abziehen und durch die Presse dazudrücken. Die Chilischote waschen, aufschneiden und die Kerne entfernen, anschließend fein hacken und mit dem Kerbel zum Avocadomus geben.

Die Kürbissprossen kalt abbrausen und abtropfen lassen, dann grob hacken und ebenfalls unter die Creme mischen. Zum Schluss mit Salz abschmecken.

Die Tomate waschen, trockenreiben und den Stielansatz entfernen. Die Frucht grob würfeln. Die Tomatenwürfel über die Avocadocreme geben.

Dieser Brotaufstrich hält sich im Kühlschrank 1 Tag.

▸ *Diese Creme ist reich an den Vitaminen K, C und B_6.*

Kürbiskerne sind preiswert und gehaltvoll: 50 Prozent Fett, 25 Prozent Eiweiß, Vitamine A, B und E sowie die Mineralstoffe Zink, Phospor, Eisen und Magnesium.

Der hohe Phytosteringehalt der Kürbiskerne macht die kleinen grünen Kerne für viele ältere Männer so wertvoll. Sie üben einen positiven Einfluß auf die Prostata aus (speziell bei gutartigen Protatavergrößerungen).

Kürbiskernkeimlinge sind wie die Kerne reich an ungesättigten Fettsäuren, enthalten aber mehr Vitamin E und Mineralstoffe wie Kalium, Eisen, Magnesium, Phosphor und Zink. Köstlich schmeckt das grüne Kürbiskernöl.

Das liebliche Kerbelkraut ist eine Wohltat für Menschen, die unter Krampfadern zu leiden haben. Darüber hinaus vertreiben die zarten Blättchen auch noch die Frühjahrsmüdigkeit.

Tofucreme mit Gemüse

1 Frühlingszwiebel
1 Knoblauchzehe
½ rote Paprikaschote
1 kleine Stange Staudensellerie
1 kleine Möhre
1 EL Sesamöl
1 EL Sojasauce
200 g weicher Tofu
Jodsalz
1 kleines Stück frischer Ingwer
2–3 EL Zitronensaft
1 Msp. Currypulver
Szetschuanpfeffer
4 EL gehackte Petersilie
1 EL Sesam
einige Mungbohnensprossen oder gekochte Garnelen zum Garnieren

Zubereitungszeit:
15–20 Minuten
Schwierigkeitsgrad:
1 von 3
Pro Portion etwa 105 kcal/440 kJ, 7 g EW, 6 g F, 5 g KH, 27 g B.

Tipp:
Gesunde Brote, Brötchen und Hörnchen finden Sie auf den Seiten 50–56 in diesem Buch.

Den weißen und hellgrünen Teil der Frühlingszwiebel in winzige Würfelchen schneiden. Den Knoblauch abziehen und durch die Presse zu den Zwiebeln drücken. Das Stück Paprikaschote, die Selleriestange und die kleine Möhre putzen, waschen und ebenfalls sehr fein würfeln. Das Sesamöl in einem Wok oder in einer Pfanne erhitzen und die Zwiebel- und Gemüsewürfel darin unter Wenden 2 Minuten schmoren. Die Sojasauce dazugießen. Den Tofu durch ein feines Sieb streichen, mit etwas Salz und frisch geriebenem Ingwer, Zitronensaft und Curry würzen. Das abgekühlte Gemüse hinzufügen und vorsichtig unterheben. Die Tofucreme mit Pfeffer abschmecken und die Petersilie unterrühren. Den Sesam in einer trockenen Pfanne leicht rösten und über die Creme streuen. Den Brotaufstrich im Schälchen, auf Brotscheiben oder Brötchen mit einigen Mungbohnensprossen oder gekochten Garnelen garnieren.
Die Tofucreme hält sich im Kühlschrank 2 bis 3 Tage.

▸ *Diese Creme ist reich an den Vitaminen K, C, A, Folsäure und dem Mineralstoff Kalium.*

Seit über 2000 Jahren schon ist Tofu, der auch Sojaquark genannt wird, eine der wichtigsten Eiweißquellen für die Bevölkerung Ostasiens. Zur Herstellung werden Sojabohnen in Wasser gequollen und anschließend zu Sojamilch verarbeitet. Unter Zugabe eines Gerinnungsmittels entsteht Tofu, der abgepackt in Supermärkten, Reformhäusern und Naturkostläden angeboten wird. Es gibt festen, normalen, seidigen und geräucherten Tofu. Er schmeckt in jeder Form neutral und läßt sich sowohl süß als auch pikant verarbeiten.
Tofu ist rein pflanzlich, cholesterinfrei, fettarm und reich an lebenswichtigen Aminosäuren.

Ei, Ei, Ei

SPINAT MIT EI
1 Knoblauchzehe
1 EL Sonnenblumenöl
100 g Doppelrahmfrischkäse
1 TL Apfeldicksaft
200 g zarte Spinatblätter
4 Stiele Basilikum
2 EL Sonnenblumenkerne
2 EL geriebener Emmentaler
2 hart gekochte Eier
2 EL frisch gepresster Orangensaft
Jodsalz, Pfeffer aus der Mühle

Pro Portion etwa 202 kcal/ 846 kJ, 10 g EW, 17 g F, 4 g KH, 1,5 g B.

EIERCREME MIT WILDKRÄUTERN
Für 2 Personen
100 g saure Sahne
1 TL Dijonsenf
1 kleine Salzgurke
1 Stück Salatgurke
1 kleine Knoblauchzehe
1 TL Apfeldicksaft
½ Tasse gehackte Wildkräuter
1 hart gekochtes Ei
Jodsalz, Pfeffer aus der Mühle, Obstessig

Pro Portion etwa 130 kcal/ 545 kJ, 6 g EW, 9 g F, 6 g KH, 0,6 g B.

Zubereitungszeit:
jeweils ca. 15 Minuten
Schwierigkeitsgrad:
beide 1 von 3

SPINAT MIT EI (unten)
Die Knoblauchzehe abziehen und durch die Presse zum Öl drücken. Den Doppelrahmfrischkäse, den Apfeldicksaft, die geputzten, gewaschenen und gut abgetropften Spinat- und Basilikumblätter, die Sonnenblumenkerne und den geriebenen Käse mit dem Knoblauchöl im Mixer oder mit dem Pürierstab nicht zu fein zerkleinern. Die Eier schälen und fein hacken. Mit dem Orangensaft unter die Creme rühren und alles mit Salz und Pfeffer abschmecken. Diese Creme hält sich im Kühlschrank 1 Tag.

▸ *Dieses Gericht ist reich an den Vitaminen K, A, C, E, B_{12}, Folsäure und dem Mineralstoff Kalium.*

EIERCREME MIT WILDKRÄUTERN (oben)
Die saure Sahne mit dem Senf verrühren. Die Salzgurke und die gewaschene Salatgurke sehr fein würfeln. Die Knoblauchzehe abziehen und durch die Presse drücken. Gurkenwürfel, Knoblauch, Apfeldicksaft und die gehackten Wildkräuter mit der Senf-Sahne verrühren. Das Ei pellen, fein würfeln und mit der Creme mischen. Den Brotaufstrich mit Salz, Pfeffer und Obstessig pikant abschmecken. Die Eiercreme hält sich im Kühlschrank 1 Tag.

▸ *Diese Creme ist reich an den Vitaminen K, B_{12}, A und D.*

In einer Wildkräuterzubereitung darf sich zu Dill, Oregano, Minze, Portulak und Melisse ruhig auch noch anderes aromatisches Grün gesellen: Zarte Löwenzahn- und Brennnesselblätter, Brunnenkresse und Rauke kann man selbst sammeln oder – wenn man Glück hat – auch frisch gepflückt kaufen. Eier zählen zu den ältesten Nahrungsmitteln des Menschen. Sie sollten aber nicht roh verzehrt werden, denn rohes Eiklar ist schwer verdaulich und enthält eine Substanz, die die Vitamin-B_{12}-Aufnahme im Körper verhindert. Das Ei enthält kaum Kohlenhydrate, keine Ballaststoffe und kein Vitamin C, dafür aber wie kein anderes Nahrungsmittel hochwertige Proteine, es ist reich an B-Vitaminen sowie Vitamin A und D.

Tex-Mex-Pfanne

100 g schwarze Bohnen
Jodsalz
1 rote Chilischote
1 Zwiebel
1 Knoblauchzehe
2 EL kaltgepresstes Olivenöl
1 kleine Dose Maiskörner (Abtropfgewicht 140 g)
2 Fleischtomaten
4 EL gehacktes Koriandergrün oder gehackte Petersilie
8 schwarze Oliven
4 Eier
1 EL Butter
1 reife Avocado
2 EL geriebener Cheddarkäse

Einweichzeit: *12 Std.*
Garzeit:
1 Std. 15 Minuten
Zubereitungszeit:
15–20 Minuten
Schwierigkeitsgrad:
2 von 3
Pro Portion etwa 475 kcal/ 1992 kJ, 18 g EW, 38 g F, 16 g KH, 8,4 g B.

Die schwarzen Bohnen verlesen, waschen und über Nacht in reichlich kaltem Wasser einweichen. Dann die Bohnen abschütten und in reichlich Salzwasser mit der aufgeschnittenen Chilischote abgedeckt bei mittlerer Hitze in gut 1 Stunde gar kochen.
Währenddessen die Zwiebel und die Knoblauchzehe abziehen und fein hacken. Das Olivenöl erhitzen und die Zwiebeln und den Knoblauch darin weich schmoren. Die abgegossenen Bohnen sowie die Maiskörner hinzufügen und alles kurz erhitzen.
Die Tomaten waschen, trockenreiben und entkernen, dann fein würfeln und zu den Bohnen geben. Alles mit Koriandergrün oder Petersilie mischen. Die Oliven entsteinen und hinzufügen. Die Eier in der heißen Butter als Spiegeleier braten. Die Avocado halbieren, den Stein entfernen und die Hälften schälen, dann in Spalten schneiden. Die heiße Bohnenzubereitung auf 4 Teller verteilen. Die Spiegeleier, Avocadospalten und den geriebenen Cheddarkäse darüber geben und kurz unter dem heißen Grill überbacken.

▸ *Dieses Gericht ist reich an den Vitaminen K, Folsäure, B_{12}, D, Pantothensäure, B_6, C und dem Mineralstoff Kalium.*

Aus den Hülsenfrüchten als Arme-Leute-Essen ist eine hochgeschätzte Zutat für Schlemmermenüs geworden. Zu diesem Wandel haben sicherlich auch die Ernährungswissenschaftler beigetragen, die in allen Hülsenfrüchten nicht nur einen hohen Anteil an Ballaststoffen und wichtigen Aminosäuren (Eiweißbausteinen) nachgewiesen haben, sondern auch einen hohen Mineralstoff- und Vitamingehalt. Pflanzliches Eiweiß aus Hülsenfrüchten ist hochwertig und kann durch die richtige Kombination mit einer anderen Eiweißquelle noch aufgewertet werden: Wer Hülsenfrüchte mit Getreide, beispielsweise Linsensuppe mit Brot, verzehrt, kann völlig auf Fleisch verzichten. Diese preiswerten Sattmacher enthalten obendrein B-Vitamine, Eisen, Phosphor, Magnesium und Calcium.

Dinkel-Baguette

Für 10 Personen

250 g Weizenvollkornmehl
250 g Dinkelmehl
½ Würfel Hefe
1 TL Zucker
etwa ¼ Liter zimmerwarme Buttermilch
2 TL Jodsalz

Ruhezeit: *etwa 1 Std.*
Zubereitungszeit:
25–30 Minuten
Backzeit: *25–30 Minuten*
Schwierigkeitsgrad:
2 von 3
Pro Portion etwa 167 kcal/ 698 kJ, 7 g EW, 1 g F, 31 g KH, 5,0 g B.

Variation:
Sie können die Brote nach Belieben auch mit Grünkernschrot oder Grünkernkörnern bestreuen.

Die beiden Mehlsorten in einer Schüssel mischen. Mit einem Löffel eine Mulde drücken und die Hefe hineinbröckeln. Den Zucker darüber streuen und mit 4 Esslöffel lauwarmem Wasser die Hefe mit dem Zucker und ein wenig Mehl vom Rand zu einem Brei verrühren. Die Schüssel abdecken und 10 Minuten beiseite stellen. Das gegangene Hefestück mit ein wenig Mehl vom Rand bestreuen, 200 Milliliter lauwarme Buttermilch und das Salz hinzufügen und alle Zutaten zu einem glatten Teig verkneten. Nach Bedarf noch etwas Buttermilch oder lauwarmes Wasser hinzufügen. Den Teig etwa 10 Minuten durchkneten, bis er glänzt und nicht mehr an den Händen klebt. Den Teig zurück in die Schüssel legen und an einem warmen Ort abgedeckt 20 Minuten gehen lassen. Inzwischen den Backofen auf 220 °C (Gas Stufe 4, Umluft 200 °C) vorheizen. Den gegangenen Teig noch einmal durchkneten und in 2 Stücke teilen. Daraus 2 backblechlange Rollen formen und auf ein mit Backpapier ausgelegtes Backblech legen, abdecken und noch einmal 30 Minuten gehen lassen. Die Teigrollen mit lauwarmem Wasser bestreichen und mit einem scharfen Messer mehrmals schräg einschneiden. Die Brote auf der mittleren Schiene in den heißen Backofen schieben und 10 Minuten backen. Dann die Temperatur auf 200 °C (Gas Stufe 3, Umluft 180 °C) reduzieren und weitere 15 bis 20 Minuten backen.

▸ *Dieses Brot ist reich an den Vitaminen B_1, K, Folsäure, Niacin und den Mineralstoffen Magnesium und Phosphor.*

Dinkel und Grünkern waren lange Jahre von unserem Speiseplan verschwunden. Dinkelmehl wird heute wieder in fast jedem Supermarkt neben dem bekannten Weizenmehl angeboten. Beim Grünkern handelt es sich um unreif geernteten Dinkel, der über Holzrauch gedarrt (getrocknet) wird. Dinkel enthält neben dem wertvollen Eiweiß teilweise mehr Mineralstoffe und Spurenelemente als Weizen. Der hohe Kieselsäuregehalt wirkt sich positiv aus auf unsere Nerven, Haare, Fingernägel und Haut.

Würziges Vollkornbrot

Für 20 Scheiben

100 g Gerstenkörner
600 g Roggenvollkornmehl
300 g Weizenvollkornmehl
100 g Weizenmehl Type 550
1 Würfel Hefe
½ TL Zucker
150 g Natursauerteig (aus dem Reformhaus)
2 EL Rübensirup
3 TL Jodsalz
4 EL Rapsöl
½ TL Kümmel
½ TL Anissamen
½ TL Korianderkörner
½ TL Fenchelsamen
1 TL Kräuter der Provence nach Belieben

Zubereitungszeit: *etwa 45 Minuten*
Ruhezeit: *1 Std. 30 Min.*
Backzeit: *55–60 Minuten*
Schwierigkeitsgrad: *2 von 3*
Pro Scheibe etwa 191 kcal/ 801 kJ, 6 g EW, 3 g F, 35 g KH, 6,4 g B.

Die Gerstenkörner mit kochendem Wasser übergießen und bis zum nächsten Tag kühl stellen. Die 3 Mehlsorten in einer Schüssel miteinander mischen. Mit einem Löffel eine Mulde drücken und die Hefe hineinbröckeln. Den Zucker darüber streuen und mit 6 Esslöffeln lauwarmem Wasser die Hefe mit dem Zucker und etwas Mehl vom Rand zu einem Brei verrühren. Die Schüssel abdecken und 10 Minuten beiseite stellen. Inzwischen den Beutel mit dem Natursauerteig in warmes Wasser legen (beachten Sie bitte die Packungsvorschrift). Das gegangene Hefestück mit ein wenig Mehl überstäuben, den Sauerteig, den Rübensirup, das Salz, das Öl, alle Gewürze und eventuell die Kräuter sowie knapp 125 Milliliter lauwarmes Wasser dazugeben und alle Zutaten zu einem glatten Teig verkneten, das dauert etwa 10 Minuten. Nach Bedarf noch etwas Wasser hinzufügen. Der gut geknetete Teig darf nicht mehr an den Händen kleben. Den Teig wieder in die Schüssel legen, abdecken und 40 Minuten an einem warmen Ort gehen lassen. Die eingeweichten Gerstenkörner abschütten und abtropfen lassen. Anschließend in den gegangenen Teig kneten, einen runden Laib formen und auf ein mit Backpapier ausgelegtes Backblech legen. Den Backofen auf 200 °C (Gas Stufe 3, Umluft 180 °C) vorheizen. Den Teig noch einmal abgedeckt 30 Minuten gehen lassen. Mit einem Messer kreuzförmige Einschnitte anbringen, die Oberfläche mit Wasser bestreichen und nach Belieben mit etwas Mehl bestreuen. Das Brot auf der zweiten Schiene von unten in den heißen Backofen schieben und 55 bis 60 Minuten backen.

▸ *Dieses Brot ist reich an den Vitaminen K, B_1, Folsäure und dem Mineralstoff Magnesium.*

Als der Mensch lernte, die Samen von Gräsern für seine Ernährung zu nutzen, aß er diese lange als Getreidegrütze. Auch heute noch verzehrt nur rund ein Drittel der Weltbevölkerung Brot, der Rest ernährt sich nach wie vor von Getreidebrei.

Krafthörnchen

Für 16 Stück

250 g Magerquark
125 ml Buttermilch
100 ml kaltgepresstes Olivenöl
50 ml Kürbiskernöl
½ TL frische Rosmarinnadeln
2 TL Jodsalz
250 g feines Grünkernmehl
250 g feines Sechskornmehl oder Weizenvollkornmehl
1 Päckchen Weinsteinbackpulver
50 g Sonnenblumenkerne
2 Eigelb
30 g Kürbiskerne

Zubereitungszeit: *20–25 Minuten*
Backzeit: *20–25 Minuten*
Schwierigkeitsgrad: *1 von 3*
Pro Portion etwa 236 kcal/989 kJ, 7 g EW, 13 g F, 22 g KH, 2,9 g B.

Den Magerquark in ein Küchentuch legen und kräftig ausdrücken. Den trockenen Quark mit der Buttermilch, den beiden Ölen sowie den fein gehackten Rosmarinnadeln und dem Salz verrühren. Die beiden Mehlsorten mit dem Backpulver hinzufügen und alle Zutaten zu einem glatten Teig verarbeiten. Eventuell noch etwas Buttermilch oder Wasser hinzufügen. Den Teig am besten zwischen Frischhaltefolie 3 bis 4 Millimeter dick ausrollen und in 16 gleich große Dreiecke schneiden. Etwa drei Viertel der Sonnenblumenkerne mit dem Teigroller leicht in die Dreiecke drücken. Den Backofen auf 200 °C (Gas Stufe 3, Umluft 180 °C) vorheizen. Die Teigdreiecke von der breiten Seite her aufrollen und zu Hörnchen biegen. Die Hörnchen auf ein mit Backpapier ausgelegtes Backblech legen. Die Eigelbe mit einigen Tropfen Wasser verrühren und die Hörnchen damit bestreichen. Die restlichen Sonnenblumenkerne und die Kürbiskerne darüber streuen und andrücken. Die Krafthörnchen auf der mittleren Stufe in den Backofen schieben und 20 bis 25 Minuten backen. Zwischendurch die Hörnchen nochmals mit Eigelb bestreichen.

▸ *Diese Krafthörnchen sind reich an den Vitaminen E, K, B_1 und dem Mineralstoff Magnesium.*

Die Indianer verehrten die Sonnenblume nicht nur wegen ihres strahlend schönen Aussehens, sondern auch wegen der nahrhaften Kerne. Im 16. Jahrhundert brachten die Seefahrer die ersten Samen nach Europa. Trotzdem ist Amerika immer noch das Land, aus dem die meisten Sonnenblumenkerne zu uns kommen. Die Pflanze wird hier bis zu vier Meter hoch und entwickelt in rund 120 Tagen eine Blüte, deren Durchmesser fast einen halben Meter beträgt. Pro Pflanze können bis zu 500 Gramm Kerne geerntet werden. Sonnenblumenkerne machen schön. Enthalten sie doch reichlich Vitamin E, aber auch mehrfach ungesättigte Fettsäuren, Eiweiß, Ballaststoffe, reichlich Vitamine der B-Gruppe sowie die Mineralstoffe Eisen, Kalium und Magnesium.

Rosinenbrot

Für 20 Scheiben

500 g Weizenmehl Type 1050
400 g Weizenmehl Type 405
1 Würfel Hefe
60 g Zucker
1 TL Jodsalz
100 g gemahlene Mandeln
½ Liter lauwarme fettarme Milch
125 g weiche Butter
2 Eier (Gew.-Kl. M)
150 g Sultaninen
50 g gehackte Mandeln
1 TL abgeriebene unbehandelte Zitronenschale
1 Eigelb
1 TL Kondensmilch
etwas Mandeln (Stifte, Blättchen oder gehackt) und Hagelzucker zum Bestreuen

Zubereitungszeit:
20–25 Minuten
Ruhezeit: *1 Std.*
Backzeit: *30–35 Minuten*
Schwierigkeitsgrad:
2 von 3
Pro Scheibe etwa 302 kcal/ 1264 kJ, 9 g EW, 11 g F, 41 g KH, 3,5 g B.

Die beiden Mehlsorten in einer Schüssel miteinander mischen. Mit einem Löffel eine Mulde drücken und die Hefe hineinbröckeln. Einen Teelöffel Zucker darüber streuen und mit 6 Esslöffeln lauwarmem Wasser die Hefe mit dem Zucker und etwas Mehl vom Rand zu einem Brei verrühren. Die Schüssel abdecken und 10 Minuten beiseite stellen. Das aufgegangene Hefestück mit ein wenig Mehl vom Rand bestreuen, den restlichen Zucker, das Salz, die gemahlenen Mandeln, die lauwarme Milch, die Butter und die Eier hinzufügen und alle Zutaten zu einem glatten Teig verkneten. Das dauert etwa 10 Minuten. Nach Bedarf noch etwas lauwarmes Wasser hinzufügen, der Teig darf aber nicht an den Händen kleben. Den Teig wieder in die Schüssel legen und an einem warmen Ort abgedeckt 20 Minuten ruhen lassen. Inzwischen den Backofen auf 200 °C (Gas Stufe 3, Umluft 180 °C) vorheizen. Ein Backblech mit Backpapier auslegen. Den gegangenen Teig mit den Sultaninen, den gehackten Mandeln und der abgeriebenen Zitronenschale kurz verkneten. Den Teig in 3 gleich große Stücke teilen und zu etwa 40 Zentimeter langen Rollen formen. Daraus einen Zopf flechten und aufs Backblech legen. Das Eigelb mit der Kondensmilch verrühren, die Teigoberfläche damit bestreichen und mit Mandeln und etwas Hagelzucker bestreuen. Das Rosinenbrot noch einmal 30 Minuten gehen lassen, dann im Backofen auf der zweiten Stufe von unten 35 bis 45 Minuten backen.

▸ *Dieses Brot ist reich an den Vitaminen K, E, Folsäure und* B_1.

Mehl ist nicht gleich Mehl. Die Typenbezeichnung gibt den Grad der Ausmahlung an. Je höher also die Typenbezeichnung, desto mehr Mineralstoffe sind in dem Mehl enthalten. Weizenmehl ist erhältlich mit den Typenbezeichnungen 405, 550, 1050, 1700 (Backschrot), Roggenmehl mit den Typenbezeichnungen 815, 997, 1150 und 1800 (Backschrot) und Dinkelmehl mit den Typenbezeichnungen 630, 812 und 1050. Backschrot enthält alle Teile des gewaschenen Korns außer der äußeren Fruchtschale und dem Keim. Vollkornmehl und Vollkornschrot enthalten auch noch den Keim.

Das Frühstück liegt schon eine Weile zurück und die Mittagsmahlzeit noch in weiter Ferne. Um dem drohenden Leistungstief zu begegnen, empfehlen sich kleine vitamin- und mineralstoffreiche Zwischenmahlzeiten – Banane pur ist auf die Dauer doch zu langweilig.

Vitamine für zwischendurch

Die Milch macht's

LIEBTRAUBENMILCH
Für 2 Gläser à ¼ Liter
400 g blaue Weintrauben
200 ml fettarme Milch
1 TL Mandelmus
1 EL Sanddornsaft

Pro Portion etwa 219 kcal/ 920 kJ, 6 g EW, 5 g F, 36 g KH, 2,3 g B.

ERRÖTENDE JUNGFRAU
Für 2 Gläser à ¼ Liter
300 g Kirschen
1 TL Mandelmus
1 TL Zitronensaft
1 Scheibe Pumpernickel
¼ Liter fettarme Milch
2 EL geschlagene süße Sahne
Borkenschokolade zum Bestreuen

Pro Portion etwa 293 kcal/ 1231 kJ, 9 g EW, 11 g F, 37 g KH, 4,8 g B.

APRICOT DANDY
Für 2 Gläser à ¼ Liter
250 g saftige Aprikosen
2 EL Zitronensaft
1 EL Orangenblütenhonig
300 ml fettarme Milch
geröstete Mandeln zum Bestreuen

Pro Portion etwa 184 kcal/ 776 kJ, 7 g EW, 4 g F, 29 g KH, 2,8 g B.

Zubereitungszeit:
jeweils ca. 15 Minuten
Schwierigkeitsgrad:
alle 1 von 3

LIEBTRAUBENMILCH (oben)
Die Trauben waschen, von den Stielen zupfen und entsaften. Den Saft mit der Milch, dem Mandelmus und dem Sanddornsaft mit dem Pürierstab schaumig aufmixen und in 2 Gläser gießen. Nach Belieben mit aufgespießten Trauben und kleinen Sanddornzweigen garnieren.

▸ *Dieser Drink ist reich an den Vitaminen C, K, E, B_{12}, B_2 und den Mineralstoffen Kalium und Calcium.*

ERRÖTENDE JUNGFRAU (Mitte)
Die Kirschen waschen, von den Stielen zupfen, entsteinen und entsaften. Den Saft mit dem Mandelmus, dem Zitronensaft, der zerkrümelten Pumpernickelscheibe und der Milch mit dem Pürierstab aufmixen und in 2 Gläser füllen.
Den Drink jeweils mit einem Sahnehäubchen versehen und mit etwas zerriebener Borkenschokolade garnieren.

▸ *Dieser Drink ist reich an den Vitaminen K, C, B_{12}, B_2 und den Mineralstoffen Kalium, Calcium und Magnesium.*

APRICOT DANDY (unten)
Die Aprikosen waschen, halbieren und entsteinen. Die Fruchthälften mit dem Zitronensaft und dem Honig pürieren. Die Milch dazugießen, schaumig aufmixen, in 2 Gläser füllen und mit einigen Mandelblättchen garnieren.

▸ *Dieser Drink ist reich an den Vitaminen A, B_{12}, C, K, B_2 und den Mineralstoffen Kalium und Calcium.*

Milch ist ein außerordentlich wertvolles Nahrungsmittel. Über Wochen und Monate hinweg ist sie erste und einzige Nahrung der Neugeborenen. Sie enthält alles, was sie für eine gesunde Entwicklung brauchen. Kuhmilch liefert uns hochwertiges Eiweiß, leicht verdauliches und gut bekömmliches Fett und hat wenig Cholesterin. Dazu kommen reichlich Calcium, Phosphor, Kalium, Magnesium und Jod. Milch ist auch ein wesentlicher Lieferant von Vitaminen der B-Gruppe und Vitamin A.

Buttermilch, Kefir & Dickmilch

DICKMILCH MIT ORANGE
Für 2 Gläser à ¼ Liter
2 Orangen
2 EL Sanddornsaft
1 EL Honig
1 TL Haselnussmus
200 ml Dickmilch
4 Kumquats

Pro Portion etwa 262 kcal/ 1096 kJ, 7 g EW, 8 g F, 38 g KH, 5,4 g B.

PFIRSICH MIT BUTTERMILCH
Für 2 Gläser à ¼ Liter
2 große, reife Pfirsiche
2 EL Zitronensaft
1 EL Cashewkernmus
300 ml Buttermilch
2 Doppelkirschen

Pro Portion etwa 187 kcal/ 781 kJ, 8 g EW, 5 g F, 25 g KH, 3,8 g B.

HIMBEER-KEFIR
Für 2 Gläser à ¼ Liter
250 g Himbeeren
2 EL Zitronensaft
1 TL Mandelmus
1 EL Honig
300 ml Kefir, 1 Kiwi

Pro Portion etwa 207 kcal/ 864 kJ, 8 g EW, 6 g F, 26 g KH, 10,1 g B.

Zubereitungszeit:
jeweils ca. 15 Minuten
Schwierigkeitsgrad:
alle 1 von 3

DICKMILCH MIT ORANGE (unten)
Die Orangen auspressen, mit dem Sanddornsaft, dem Honig, dem Haselnussmus sowie der Dickmilch schaumig aufmixen und das Ganze in 2 Gläser füllen. Die Kumquats waschen, auf Spießchen stecken und den Drink damit garnieren.

▸ *Dieser Drink ist reich an den Vitaminen C, Folsäure, K, B_1, B_2 und den Mineralstoffen Kalium, Calcium und Magnesium.*

PFIRSICH MIT BUTTERMILCH (oben)
Die Pfirsiche häuten, halbieren und den Stein entfernen. Die Früchte mit dem Zitronensaft, dem Cashewkernmus sowie der Buttermilch schaumig aufmixen, in 2 Gläser füllen und mit den gewaschenen Kirschen garnieren.

▸ *Dieser Drink ist reich an den Vitaminen C, K, B_2, Pantothensäure und den Mineralstoffen Kalium, Calcium und Magnesium.*

HIMBEER-KEFIR (Mitte)
Die Himbeeren verlesen und mit dem Zitronensaft, dem Mandelmus, dem Honig sowie dem Kefir schaumig aufmixen und in 2 Gläser gießen. Die Kiwi ganz schälen, längs vierteln, auf Spießchen stecken und den Drink damit garnieren.

▸ *Dieser Drink ist reich an den Vitaminen C, K, B_{12}, B_2, E und den Mineralstoffen Kalium, Calcium, Magnesium und Phosphor.*

Kinder, Jugendliche und ältere Menschen sollten täglich ½ Liter Milch, Erwachsene mindestens ¼ Liter Milch trinken. Dabei ist darauf zu achten, dass fettarme und Magermilch weniger fettlösliche Vitamine (A, D, E) enthalten als Vollmilch. Wer keine Trinkmilch mag oder verträgt, sollte auf gesäuerte Milchprodukte wie Buttermilch, Dickmilch, Kefir, Jogurt und auch Hartkäse zurückgreifen.
Die orangeroten Beeren des Sanddornstrauchs enthalten außergewöhnlich viel Vitamin C (100 Gramm liefern den sechsfachen Tagesbedarf). In Reformhäusern und Naturkostläden finden Sie gesüßte und ungesüßte Sanddornsäfte für Milch- und Quarkspeisen.

Früchte zum Trinken

VITADRINK
Für 4 Gläser à ¼ Liter
250 g Rhabarber
6 EL schwarzer Johannisbeersaft
500 g Erdbeeren
500 g Äpfel
1 Orange
2 EL Honig

Zubereitungszeit:
15–20 Minuten
Schwierigkeitsgrad:
1 von 3
Pro Portion etwa 183 kcal/766 kJ, 2 g EW, 1 g F, 38 g KH, 7,5 g B.

MELONENDRINK
Für 4 Gläser à ¼ Liter
1 Netzmelone
1 Limette
500 g Erdbeeren
etwas Mineralwasser
2 Stängel Pfefferminze

Zubereitungszeit:
10–15 Minuten
Schwierigkeitsgrad:
1 von 3
Pro Portion etwa 106 kcal/444 kJ, 3 g EW, 1 g F, 19 g KH, 4,9 g B.

Übrigens:
An Stelle der Erdbeeren kann man für beide Drinks auch andere frische Beeren nehmen.

VITADRINK (links)
Den Rhabarber putzen, waschen und klein schneiden. Mit dem Johannisbeersaft zum Kochen bringen und im geschlossenen Topf neben den Herd stellen. Inzwischen die Erdbeeren putzen, waschen, klein schneiden und pürieren. Die Äpfel waschen und vierteln. Die Orange schälen und in Segmente teilen. Den Rhabarber mit den Apfelvierteln und den Orangensegmenten entsaften, dann mit dem Erdbeerpüree und dem Honig mischen und auf 4 Gläser verteilen. Nach Belieben mit einer Orangenscheibe oder einem Stück Rhabarber garnieren.

▸ *Dieser Drink ist reich an den Vitaminen C, K und den Mineralstoffen Kalium und Eisen.*

MELONENDRINK (rechts)
Die Melone halbieren, schälen und alle Kerne entfernen. Die Limette heiß waschen, trockenreiben und die Schale in einem Stück rundherum abschneiden. Die Frucht sorgfältig schälen und dabei auch die weiße Haut entfernen. Die Erdbeeren putzen, waschen und gut abtrocknen lassen. Vier schöne Früchte für die Garnierung beiseite legen. Alle Früchte grob würfeln und im Mixer oder mit dem Pürierstab pürieren. Das Fruchtpüree in 4 Gläser gießen und mit etwas Mineralwasser auffüllen. Die Erdbeeren, ein Stückchen Limettenschale und einige Minzeblätter auf kleine Spießchen stecken und den Drink damit garnieren.

▸ *Dieser Drink ist reich an den Vitaminen C, A, K, Folsäure und B_6.*

Melonen haben im Sommer und Frühherbst Saison. Trotz des hohen Wassergehalts eignen sich diese mitunter kiloschweren Früchte nur bedingt als Durstlöscher: Erstens enthalten sie mehr oder weniger viel Zucker und zweitens können große Mengen Melonen Magen und Darm recht übel mitspielen. Melonen enthalten um die 90 Prozent Wasser, Kalium sowie Vitamin C und das Pro-Vitamin A (Carotin). Sie wirken harntreibend und appetitanregend.

Gemüse zum Trinken

VIVA MEXIKO
Für 2 Gläser à ¼ Liter
400 g Tomaten
4 Stangen Staudensellerie
1 kleine rote Chilischote
1 Knoblauchzehe nach Belieben
2–3 Orangen
1 Limette
1 TL Honig
1 TL Keimöl
Eiswürfel nach Belieben
2 Frühlingszwiebeln

Zubereitungszeit:
10–15 Minuten
Schwierigkeitsgrad:
1 von 3
Pro Portion etwa 219 kcal/ 918 kJ, 7 g EW, 4 g F, 33 g KH, 12,1 g B.

ROTE ZORA
Für 2 Gläser à 175 ml
1 Stück Ingwer
500 g gekochte Rote Beten
100 ml Sauerkrautsaft
1 EL Honig

Zubereitungszeit:
10–15 Minuten
Schwierigkeitsgrad:
1 von 3
Pro Portion etwa 118 kcal/ 498 kJ, 4 g EW, 0 g F, 23 g KH, 6,2 g B.

VIVA MEXIKO (oben)
Die Tomaten waschen und den Stielansatz herausschneiden.
Die Selleriestangen, das Selleriegrün und die Chilischote waschen.
Die Knoblauchzehe abziehen.
Die Orangen und die Limette schälen und in Segmente teilen.
Alle Zutaten entsaften, mit dem Honig und dem Öl verrühren und in 2 Gläser mit Eiswürfeln gießen.
Die Frühlingszwiebeln putzen und jeweils den Drink damit garnieren.

▸ *Dieser Drink ist reich an den Vitaminen C, K, A, Folsäure, Pantothensäure, B_1, B_6, E und den Mineralstoffen Kalium, Calcium, Magnesium und Eisen.*

ROTE ZORA (unten)
Den Ingwer und die Roten Beten schälen und entsaften. Den Saft mit dem Sauerkrautsaft und dem Honig mischen und in 2 Gläser gießen.

▸ *Dieser Drink ist reich an den Vitaminen K, C, Folsäure und den Mineralstoffen Kalium und Eisen.*

Rote Beten, auch Rote Rüben genannt, zeichnen sich aus durch ihre intensive rote Farbe. So empfiehlt es sich auch, beim Schälen und Zerkleinern Handschuhe zu tragen.
Wer sie nur als sauer eingelegte Beilage kennt, der sollte einmal einen Salat aus gekochten Roten Beten, gewürzt mit frischem Ingwer, Chili, Meerrettich, Äpfeln, Kapern, Walnüssen, Walnussöl und Balsamessig versuchen.
Rote Beten sind reich an den Mineralstoffen Kalium, Magnesium, Eisen, Calcium und Phosphor sowie den Vitaminen B und C. Allerdings enthalten Rote Rüben auch größere Mengen Nitrat und sollten deshalb nicht zu häufig verzehrt werden. Im Sommer kommen die ersten Rüben mit zartem Blattgrün auf den Markt. Werfen Sie die Blätter nicht weg, sie sind besonders nährstoffreich.

Quark macht stark

GEMÜSEQUARK MIT RUCOLA

½ Apfel
½ rote Paprikaschote
2 Frühlingszwiebeln
4 cm Salatgurke
¼ Bund Rucola
250 g Quark (20 % Fett)
Jodsalz
Pfeffer aus der Mühle
2 EL Kürbiskerne

Zubereitungszeit:
10–15 Minuten
Schwierigkeitsgrad:
1 von 3
Pro Portion etwa 109 kcal/ 455 kJ, 9 g EW, 5 g F, 6 g KH, 2,1 g B.

BIRNENQUARK MIT PREISELBEEREN

250 g Magerquark
2–3 EL süße Sahne
3 EL Zitronensaft
1 EL Mandelmus
1 EL Honig
4 EL Preiselbeerkompott
1 große, reife Birne
etwas Zimtpulver zum Bestreuen

Zubereitungszeit:
10–15 Minuten
Schwierigkeitsgrad:
1 von 3
Pro Portion etwa 162 kcal/ 680 kJ, 10 g EW, 5 g F, 18 g KH, 2,5 g B.

GEMÜSEQUARK MIT RUCOLA (unten)

Den Apfel und die Paprikaschote waschen, durchschneiden und entkernen, die Frühlingszwiebeln waschen und putzen, das Stück Gurke dünn schälen. Das Gemüse und den Rucola waschen und gut abtropfen lassen. Vier dünne Apfelspalten und einige schöne Rucolablätter beiseite legen. Den Apfel und das Gemüse sehr fein würfeln, den Rucola mittelfein hacken. Den Quark einmal durchrühren, dann mit dem Gemüse und dem Rucola mischen. Die Zubereitung mit Salz und Pfeffer abschmecken. Den Gemüsequark in 4 Schälchen füllen und mit Apfelspalten, Rucola sowie den Kürbiskernen garnieren.

▸ *Dieser Imbiss ist reich an den Vitaminen K, C, und B_{12}.*

BIRNENQUARK MIT PREISELBEEREN (oben)

Den Magerquark mit etwas süßer Sahne cremig rühren. Den Zitronensaft, das Mandelmus, den Honig und bis auf einen kleinen Rest das Preiselbeerkompott unterrühren. Die Birne waschen, trockenreiben, vierteln und entkernen. Zwei Birnenviertel fein würfeln und mit dem Quark mischen. Die Creme auf 4 Schälchen verteilen. Die restlichen Birnenviertel in schmale Spalten schneiden und die Quarkcreme damit garnieren. Das restliche Preiselbeerkompott darüber löffeln und alles mit etwas Zimtpulver bestreuen.

▸ *Dieser Imbiss ist reich an den Vitaminen B_{12}, E und B_2.*

Nur im Spätsommer sind die wild wachsenden Preiselbeeren auf den Märkten zu finden. Diese kleinen, herben Beeren werden nicht roh verzehrt. Obwohl die Früchte gekocht und gesüßt für viele Gerichte verwendet werden können, fristen sie ihr Dasein fast ausschließlich als pikante Beilage zu Wildfleisch. Preiselbeeren wirken entwässernd, sie sind reich an Vitamin C und Eisen.
In den USA wird die „cranberry" im großen Stil angebaut. Sie ist größer und schmeckt weniger herb als die europäische Preiselbeere.

Megaperlen

HÜTTENKÄSE MIT LAUCH UND DILL
Für 2 Personen
1 kleine Stange Lauch
½ Apfel, 1 Tomate
200 g Hüttenkäse (körniger Frischkäse)
1 TL Dijonsenf
2 EL Orangensaft
1 EL Zitronensaft
1 EL Apfeldicksaft
1 EL kleine Kapern
2 EL gehackter Dill
Jodsalz
Pfeffer aus der Mühle
1 EL Pinienkerne
1 Zweig Dill

Pro Portion etwa 224 kcal/ 937 kJ, 16 g EW, 9 g F, 19 g KH, 2,9 g B.

HÜTTENKÄSE MIT APFEL UND NÜSSEN
Für 2 Personen
20 g Haselnüsse
200 g Hüttenkäse (körniger Frischkäse)
1 EL Buttermilch
2 EL Apfeldicksaft
2 EL Sanddornsaft
2 EL Zitronensaft
1 großer Apfel

Pro Portion etwa 279 kcal/ 1167 kJ, 14 g EW, 12 g F, 27 g KH, 2,3 g B.

Zubereitungszeit:
jeweils ca. 15 Minuten
Schwierigkeitsgrad:
beide 1 von 3

HÜTTENKÄSE MIT LAUCH UND DILL (unten)
Den weißen und hellgrünen Teil der Lauchstange putzen, waschen und in sehr feine Scheiben schneiden. Den Apfel waschen und entkernen, dann grob zum Lauch raspeln. Die Tomate waschen, vierteln, entkernen und fein würfeln, den Stielansatz dabei entfernen. Den Hüttenkäse mit Senf, Orangen- und Zitronensaft, Apfeldicksaft sowie den Kapern und dem Dill verrühren. Das zerkleinerte Gemüse einrühren, alles mit Salz und Pfeffer würzen und in Schälchen füllen. Zum Schluss mit den Pinienkernen und etwas Dill garnieren.

▸ *Dieser Imbiss ist reich an den Vitaminen K, C, B_{12}, Folsäure, B_2 und den Mineralstoffen Kalium und Calcium.*

HÜTTENKÄSE MIT APFEL UND NÜSSEN (oben)
Die Haselnüsse in einer trockenen Pfanne rösten. Die Hälfte der Nüsse mittelfein mahlen, den Rest in dünne Scheiben hobeln. Den Hüttenkäse mit den gemahlenen Nüssen, der Buttermilch, dem Apfeldicksaft, dem Sanddornsaft sowie dem Zitronensaft verrühren. Den Apfel waschen, trockenreiben, vierteln und entkernen. Einige dünne Spalten abschneiden und beiseite legen. Den Rest grob zum Hüttenkäse raspeln und unterrühren. Die Zubereitung in Schälchen füllen und mit den zurückgelegten Apfelspalten und Haselnussblättchen garnieren.

▸ *Dieser Imbiss ist reich an den Vitaminen C, B_{12}, E, B_2, K und dem Mineralstoff Kalium.*

Lauch (Porree) zählt wie die Zwiebel und der Knoblauch zu den Liliengewächsen. Die langen Stangen des Lauchs werden fast ausschließlich gegart verzehrt, aber Lauch kann sehr wohl (mit Äpfeln, Kürbiskernsprossen und einem Jogurtdressing) roh gegessen werden. Die Stangen enthalten reichlich Vitamin C, Pro-Vitamin A und Vitamine der B-Gruppe sowie die Mineralstoffe Calcium, Kalium, Eisen, Magnesium und Phosphor.

Erfrischendes mit Jogurt

COCO-JOGURT MIT BANANE
Für 2 Personen
200 g fettarmer Jogurt
3 EL Zitronensaft
1 reife Banane
3 EL Kokosraspeln
2 EL Ahornsirup

Zubereitungszeit:
10–15 Minuten
Schwierigkeitsgrad:
1 von 3
Pro Portion etwa 301 kcal/1261 kJ, 6 g EW, 11 g F, 42 g KH, 5 g B.

JOGURT MIT WALDFRÜCHTEN
Für 2 Personen
75 g Himbeeren
75 g Brombeeren
75 g Heidelbeeren
250 g Jogurt
1 EL Instant-Haferflocken
2 EL Waldhonig
2 EL Zitronensaft
1 EL Himbeersirup
1 EL Mandelblättchen
1 Stängel Pfefferminze

Zubereitungszeit:
10–15 Minuten
Schwierigkeitsgrad:
1 von 3
Pro Portion etwa 257 kcal/1074 kJ, 7 g EW, 8 g F, 37 g KH, 7,6 g B.

COCO-JOGURT MIT BANANE (unten)
Den Jogurt mit dem Zitronensaft verrühren. Die Banane schälen und die Hälfte mit einer Gabel zerdrücken, die andere Hälfte längs durchschneiden, in kleine Stücke schneiden und beides in den Jogurt geben. Die Kokosraspeln in einer trockenen Pfanne leicht rösten und 2 Esslöffel davon mit dem Jogurt verrühren. Das Ganze in 2 Schälchen füllen, mit den restlichen Kokosraspeln bestreuen und mit dem Ahornsirup beträufeln.

▸ *Dieser Imbiss ist reich an den Vitaminen C, B_6, K, B_2 und den Mineralstoffen Kalium, Magnesium und Calcium.*

JOGURT MIT WALDFRÜCHTEN
Alle Beeren putzen, waschen und gut abtropfen lassen. Ein paar schöne Früchte zum Garnieren beiseite legen. Den Jogurt mit den Instant-Haferflocken, dem Honig und dem Zitronensaft verrühren. Die Beeren hinzufügen und leicht mit einer Gabel zerdrücken. Die Zubereitung in 2 Schälchen füllen und den Sirup darüber träufeln. Die Mandelblättchen kurz in einer trockenen Pfanne rösten und mit den zurückgelegten Beeren über den Jogurt streuen. Mit einigen Minzeblättchen garnieren.

▸ *Dieser Imbiss ist reich an den Vitaminen C, K, E, B_2, B_{12} und den Mineralstoffen Calcium, Kalium und Magnesium.*

Beeren sollten während der Saison möglichst täglich und roh verzehrt werden. Sie enthalten nicht nur reichlich Vitamin C, Kalium, Calcium, Eisen und Magnesium. Sie unterstützen auch die Verdauung durch ihren Gehalt an Ballaststoffen. Die begehrteste Beere ist die Erdbeere mit ihrem unnachahmlichen Geschmack.
Kaufen Sie möglichst nur Früchte, die in Ihrer Umgebung heranreifen. Fad schmeckende Früchte aus Übersee sind stark belastet und es fehlen ihnen Aroma und damit auch die bioaktiven Pflanzenstoffe. Wilde Beeren schmecken besonders intensiv, aber dafür muss der Genießer sich aufmachen um sie in Wald und Flur zu sammeln.

Soja, die Milch aus der Bohne

ORANGENTRAUM
Für 2 Personen
400 ml Soja-Drink (Sojamilch)
2 EL Instant-Haferflocken
2 EL Zitronensaft
2 EL Honig
2 Blutorangen
1 EL ungesalzene, gehackte Pistazien
2 Orangenscheiben zum Garnieren

Zubereitungszeit:
10–15 Minuten
Schwierigkeitsgrad:
1 von 3
Pro Portion etwa 275 kcal/ 1154 kJ, 10 g EW, 7 g F, 40 g KH, 8,3 g B.

TROPICANA
1 Liter Soja-Drink (Soja-Milch)
4 EL Zitronensaft
3 EL Honig
1 Babyananas
1 Kiwi
1 Mango
75 g frische Kokosnuss
4 Limettenscheiben zum Garnieren

Zubereitungszeit:
15–20 Minuten
Schwierigkeitsgrad:
1 von 3
Pro Portion etwa 259 kcal/ 1088 kJ, 8 g EW, 11 g F, 31 g KH, 7,5 g B.

ORANGENTRAUM (oben)
Den Soja-Drink mit den Haferflocken, dem Zitronensaft und dem Honig verrühren. Eine Orange auspressen, die andere wie einen Apfel schälen und auch die weiße Haut entfernen. Mit einem scharfen Messer zwischen die Trennwände schneiden und so die Filets lösen, Fruchtrückstand gut ausdrücken.
Den Orangensaft mit dem Drink verrühren, zusammen mit den Orangenfilets in 2 Gläser füllen, mit den gehackten Pistazien bestreuen und mit den Orangenscheiben garnieren.

▸ *Dieser Drink ist reich an den Vitaminen C, K, E, Folsäure, B_1, B_6 und den Mineralstoffen Kalium, Magnesium und Eisen.*

TROPICANA
Den Soja-Drink mit dem Zitronensaft und dem Honig verrühren. Die Ananas, die Kiwi und die Mango schälen. Von jeder Frucht 4 gleich große Stücke auf Spießchen stecken. Das restliche Fruchtfleisch fein würfeln und mit dem Soja-Drink mischen. Von dem Stück Kokosnuss mit dem Sparschäler einige Locken abziehen, den Rest fein zum Drink reiben. Mit dem Pürierstab oder im Mixer schaumig aufrühren. Den tropischen Soja-Drink in 4 Gläser füllen und mit den Kokoslocken und den Limettenscheiben garnieren.

▸ *Dieser Drink ist reich an den Vitaminen K, C, E, A, Folsäure und den Mineralstoffen Kalium, Magnesium und Eisen.*

Die Sojabohne wird in Asien seit gut 5000 Jahren angebaut. Dieses kleine Kraftpaket enthält rund 40 Prozent Eiweiß (zum Vergleich: Fleisch enthält nur etwa 20 Prozent), es ist reich an Kohlenhydraten und Ballaststoffen, die dem Fleisch fehlen. Sojabohnen liefern Pro-Vitamin A, B-Vitamine und Vitamin E. Die bekanntesten Produkte aus der Sojabohne sind Tofu (Sojaquark), Sojamilch (Soja-Drink) und Sojamehl (Vollsoja). Mit Sojamehl lassen sich viele Speisen eiweißreich aufwerten, es besitzt aber selbst keine Backfähigkeit. Zum Würzen sind Sojasauce und Miso geeignet.

Windbeutel mit zwei Füllungen

Für 8 Personen

60 g Butter
100 g Weizenvollkornmehl
40 g Grünkernmehl
¼ TL Kräutersalz
1 TL Haselnussmus
2–3 Eier (Gew.-Kl. M)

Für die 1. Füllung:
200 g Rahmfrischkäse
3 EL fettarmer Jogurt
2 EL Zitronensaft
Jodsalz
Pfeffer aus der Mühle
2 frische Datteln
½ rote Chilischote
4 Walnusskerne
4 Scheiben Salami

Für die 2. Füllung:
125 ml süße Sahne
3 EL Delikatess-Mayonnaise
1 EL Tomatenketchup
1 EL Cognac
Cayennepfeffer
etwas Zitronensaft
4 EL gehackter Kerbel
100 g Nordseekrabben
oder gekochte Shrimps

Zubereitungszeit:
20–25 Minuten
***Backzeit:** 20–25 Minuten*
Für die Füllung:
jeweils 10 Minuten
Schwierigkeitsgrad:
2 von 3
Pro Portion etwa 308 kcal/ 1290 kJ, 11 g EW, 22 g F, 16 g KH, 2,1 g B.

Die Butter mit 200 Milliliter Wasser zum Kochen bringen. Die beiden Mehlsorten auf einmal dazuschütten und so lange unter Rühren erhitzen, bis sich am Topfboden ein weißer Belag gebildet hat. Den Teigkloß in eine Schüssel umfüllen. Das Salz, das Haselnussmus und nach und nach die Eier einrühren. Der Teig ist richtig, wenn er beim Hochheben des Löffels langen Spitzen bildet. Den Backofen auf 200 °C (Gas Stufe 3, Umluft 180 °C) vorheizen. Den abgekühlten Teig in einen Spritzbeutel füllen. Ein Backblech mit Backpapier auslegen und in großem Abstand 16 walnussgroße Häufchen aufs Backblech spritzen. Das Backblech in die Mitte des heißen Ofens schieben und die Windbeutel 20 bis 25 Minuten goldgelb backen. Das fertige Gebäck sofort mit einem scharfen Messer aufschneiden und auskühlen lassen. Für die 1. Füllung den Frischkäse mit Jogurt und Zitronensaft cremig rühren. Mit Salz und Pfeffer würzen. Die Datteln und die Chilischote entkernen und sehr fein würfeln, die Walnusskerne und die Salamischeiben fein hacken. Alle Zutaten mit dem Frischkäse mischen und in die Windbeutel spritzen.

Für die 2. Füllung die süße Sahne sehr steif schlagen, die Mayonnaise, das Tomatenketchup und den Cognac unterheben, mit Cayennepfeffer, Zitronensaft und Kerbel würzen. Acht Krabben für die Garnierung beiseite legen, den Rest mittelfein hacken und unter die Creme heben. Die Windbeutel damit füllen und mit den Krabben garnieren.

▸ *Dieser Imbiss ist reich an den Vitaminen K, A, B_{12} und Eisen.*

Die Legende berichtet, dass Gott nach der Erschaffung des Menschen noch ein wenig von dem wertvollen Stoff, aus dem er ihn bildete, übrig hatte. Daraus machte er die Dattel. Am feinsten schmecken die frischen Datteln, die vom Spätsommer bis hinein in den Herbst bei uns angeboten werden.
Diese Früchte enthalten vor allem B-Vitamine und reichlich Kalium, Calcium, Eisen, Magnesium, Phosphor und Kupfer.

Müslihappen

Für 20 Happen

50 g geschälte Mandeln
50 g Haselnusskerne
50 g Pinienkerne
50 g ungesalzene Pistazien
50 g Walnusskerne
50 g Sesam
30 g Leinsamen
200 g Dörrobst
50 g getrocknete Feigen
50 g kandierte Ananas
50 g kandierte Orangenscheiben
100 g kernige Haferflocken
150 ml süße Sahne
50 g Butter
200 g fester Honig
½ TL Lebkuchengewürz
1 Msp. Jodsalz
6 bis 8 große Vollkorn-Oblaten

Zubereitungszeit:
20–25 Minuten
***Backzeit:** 15–20 Minuten*
Schwierigkeitsgrad:
1 von 3
Pro Portion etwa 250 kcal/ 1045 kJ, 4 g EW, 15 g F, 24 g KH, 3,2 g B.

Die Mandeln, die Haselnusskerne, die Pinienkerne, die Pistazien und die Walnusskerne sehr grob hacken. Mit dem Sesam und den Leinsamen mischen. Das Dörrobst mit Wasser bedecken und ein Mal aufkochen lassen, dann beiseite stellen. Die Feigen und die kandierten Früchte grob hacken und mit den Haferflocken zu der Nussmischung geben. Die Sahne mit der Butter und dem Honig ein Mal aufkochen lassen, dann mit dem Lebkuchengewürz und Salz würzen. Den Backofen auf 180 °C (Gas Stufe 2, Umluft 160 °C) vorheizen.
Das gekochte Dörrobst abgießen und gut abtropfen lassen, dann grob hacken und zur Nussmischung geben. Diese mit der Butter-Honig-Masse gut verrühren und abkühlen lassen. Ein Backblech mit Backpapier auslegen, darauf die Hälfte der Oblaten legen, etwa gut 1 Zentimeter dick mit der Müslimischung bestreichen und mit den restlichen Oblaten abdecken.
Auf der mittleren Schiene im Backofen 15 bis 20 Minuten backen. Zwischendurch mit etwas Wasser bestreichen, damit sie sich nicht wölben. Danach in 20 Quadrate oder Rechtecke schneiden.

Die abgekühlten Müslihappen halten sich in einer gut verschließbaren Gebäckdose bis zu 2 Wochen.

▸ *Dieser Imbiss ist reich an den Vitaminen E, K und dem Mineralstoff Magnesium.*

Nusskerne sind wie Sojabohnen kleine Kraftpakete. Nüsse enthalten bis zu 20 Prozent Eiweiß und viel Fett; 100 Gramm Nüsse ersetzen mit rund 700 Kilokalorien leicht eine Mahlzeit. Das Fett ist hochwertig und enthält relativ viel ungesättigte Fettsäuren. Dadurch verderben sie allerdings auch schnell. Am besten kaufen Sie die Nüsse in der Schale und knacken sie nach Bedarf.
Den Leinsamen verdanken wir nicht nur köstliches Öl, frisch geschrotete Leinsamen helfen auch bei Darmträgheit.

Kernenergie

MÜSLIMISCHUNG
Für 20 Portionen
100 g kernige Haferflocken
150 g gemischte Getreideflocken (Gerste, Weizen, Grünkern, Buchweizen)
100 g Cornflakes
50 g Leinsamen
100 g Sonnenblumenkerne
75 g Kürbiskerne
75 g Mandelblättchen
150 g ungeschwefelte Sultaninen
200 g Dörrobst

Pro Portion etwa 191 kcal/801 kJ, 6 g EW, 8 g F, 25 g KH, 4,4 g B.

STUDENTENFUTTER
Für 25 Portionen
je 100 g geschälte Mandeln, Haselnüsse, Paranüsse, Walnüsse, Macadamianüsse und Erdnüsse
50 g ungesalzene Pistazien
50 g Bananenchips
100 g ungeschwefelte Sultaninen
100 g getrocknete Aprikosen
100 g frische Datteln

Pro Portion etwa 201 kcal/842 kJ, 4 g EW, 16 g F, 10 g KH, 3,8 g B.

Zubereitungszeit:
jeweils ca. 15 Minuten
Schwierigkeitsgrad:
beide 1 von 3

MÜSLIMISCHUNG (oben)
Für die Müslimischung alle Zutaten bis auf das Obst in einer Schüssel gründlich mischen. Das Dörrobst waschen und gut trockenreiben, danach klein schneiden und mit den restlichen Zutaten verrühren.
Das fertige Müsli kühl und trocken aufbewahren.
Für ein schnelles gesundes Frühstück etwa 50 Gramm Müslimischung mit Milch, Jogurt, Dickmilch oder Buttermilch vermengen. Nach Belieben einige frische Früchte dazugeben.

▸ *Dieser Snack ist reich an den Vitaminen E, B_1 und dem Mineralstoff Magnesium.*

STUDENTENFUTTER (unten)
Mandeln, Nüsse und Pistazien in einer trockenen Pfanne leicht rösten und abkühlen lassen. Mit den Bananenchips und den Sultaninen mischen. Die Aprikosen und Datteln klein schneiden und mit den anderen Zutaten vermengen. Diese Kraftnahrung hält sich kühl und luftdicht in Dosen aufbewahrt bis zu 2 Wochen frisch.

▸ *Dieser Snack ist reich an Vitamin E und dem Mineralstoff Kalium.*

Wegen der größeren Nährstoffdichte sollten Sie die Mandeln, Haselnüsse, Paranüsse, Walnüsse und Erdnüsse in der Schale kaufen und selber knacken. Macadamianüsse bekommen Sie ungesalzen in Reformhäusern und Naturkostläden, auch die Pistazien sollten natürlich ungesalzen sein. Rosinen, Sultaninen und Korinthen sind getrocknete Weintrauben. Sie sind zuckerreich, aber viel wichtiger sind ihre Inhaltsstoffe Kalium, Calcium, Magnesium, Eisen sowie Pro-Vitamin A und B-Vitamine. Sie gelten als Kraftnahrung und sollten insbesondere im Kindesalter reichlich genossen werden, stärken sie doch auf einfache und leckere Art Gehirn, Knochen und die allgemeine körperliche Kondition.

müsli

Gesundes zum Naschen

DATTELSCHÄUMCHEN
Für 40 Stück
300 g frische Datteln
100 g Walnusskerne
1 Stück frischer Ingwer
200 g Kokosraspeln
5 Eiweiß, 1 Prise Salz
1 Limette
1 Päckchen Vanillezucker
4 EL Akazienhonig

Zubereitungszeit: *15–20 Minuten*
Backzeit: *15–20 Minuten*
Schwierigkeitsgrad: *1 von 3*
2 Stück etwa 156 kcal/ 652 kJ, 3 g EW, 10 g F, 15 g KH, 3,6 g B.

WALNUSSTALER
Für 26 Stück
1 Ei, 200 g Walnusskerne
100 g ungeschwefelte Sultaninen
2 EL Whisky
200 g Weizenmehl Type 1050
1 TL Weinsteinbackpulver
1 Msp. Jodsalz
1 Päckchen Vanillezucker
100 g Butter
70 g Akazienhonig

Zubereitungszeit: *20–25 Minuten*
Kühlzeit: *30 Minuten*
Backzeit: *12–15 Minuten*
Schwierigkeitsgrad: *1 von 3*
Pro Portion etwa 131 kcal/ 550 kJ, 2 g EW, 8 g F, 11 g KH, 1 g B.

DATTELSCHÄUMCHEN (oben)
Die Datteln entkernen und fein würfeln, die Walnüsse mahlen und beides mischen. Den Ingwer schälen und ein wenig in eine Schüssel reiben, dann mit den gemahlenen Walnüssen, den Datteln und den Kokosraspeln mischen. Die Eiweiße mit etwas Salz steif schlagen. Die Limette heiß waschen, trockenreiben und ein wenig Schale zu den trockenen Backzutaten reiben. Die Frucht auspressen und mit dem Vanillezucker und dem Honig unter das Eiweiß heben. Zum Schluss die trockenen Zutaten unterheben.
Den Backofen auf 200 °C (Gas Stufe 3, Umluft 180 °C) vorheizen. Ein Backblech mit Backpapier auslegen. Mit einem leicht angefeuchteten Teelöffel 40 Häufchen aufs Backblech setzen und auf der mittleren Schiene in 15 bis 20 Minuten goldgelb backen.

▸ *Dieses Gebäck ist reich an den Vitaminen K, Niacin, Folsäure und den Mineralstoffen Kalium und Eisen.*

WALNUSSTALER (unten)
Das Ei trennen. Dann 26 schöne Walnusskernhälften beiseite legen, den Rest fein mahlen. Die Sultaninen mit dem Whisky beträufeln. Das Mehl mit Backpulver, Salz, Vanillezucker, Butter, Honig, dem Eigelb, den gemahlenen Walnüssen und den Sultaninen verkneten. Den Teig zu zwei Rollen formen (Durchmesser etwa 3 Zentimeter) und 30 Minuten kühl stellen. Den Backofen auf 180 °C (Gas Stufe 2, Umluft 160 °C) vorheizen.
Die Teigrollen in 26 Scheiben schneiden und auf ein mit Backpapier ausgelegtes Backblech setzen. Das Eiweiß leicht anschlagen, die Teigscheiben damit bestreichen und mit jeweils einer Nusshälfte garnieren. Das Backblech auf der mittleren Schiene in den Ofen schieben und die Taler 12 bis 15 Minuten backen.

▸ *Dieses Gebäck ist reich an den Vitaminen A, K, Folsäure, Biotin und den Mineralstoffen Fluor, Magnesium, Mangan, Kalium und Eisen.*

Pikantes zum Knabbern

KRÄUTER-GRISSINI
Für 60 Stück
375 g Weizenvollkornmehl
375 g Weizenmehl
Type 550
1 TL Salz, 1 TL Zucker
1 Würfel Hefe
375 ml Buttermilch
45 g Butter, 1 EL Olivenöl
4 EL frisch gehackte Kräuter (Rosmarin, Thymian, Salbei, Majoran, Pfefferminze, Lavendel)

Zubereitungszeit: *30–35 Minuten*
Ruhezeit: *45 Minuten*
Backzeit: *15–20 Minuten*
Schwierigkeitsgrad: *2 von 3*
3 Stück etwa 151 kcal/634kJ, 5 g EW, 3 g F, 26 g KH, 2,7 g B.

HAFERSCHLEIFCHEN
Für 30 Stück
75 g Weizenvollkornmehl
75 g Grünkernmehl
75 g Instant-Haferflocken
75 g Gouda, 125 g Butter
2 Eigelb, ½ TL Jodsalz
Kümmel, Mohn, Sesam und getrocknete Kräuter

Zubereitungszeit: *20–25 Minuten*
Kühlzeit: *30 Minuten*
Backzeit: *12–15 Minuten*
Schwierigkeitsgrad: *1 von 3*
2 Stück etwa 140 kcal/588 kJ, 3 g EW, 10 g F, 10 g KH, 1,1 g B.

KRÄUTER-GRISSINI

Die beiden Mehlsorten mit dem Salz in einer Schüssel mischen. Den Zucker mit der Hefe und der lauwarmen Buttermilch verrühren, 10 Minuten ruhen lassen, dann zum Mehl gießen. Butter, Öl und die Kräuter hinzufügen und alle Zutaten zu einem glatten Teig verkneten. Den Teig in einer Schüssel an einem warmen Ort abgedeckt 20 Minuten ruhen lassen.

Den Backofen auf 200 °C (Gas Stufe 3, Umluft 180 °C) vorheizen. Den gegangenen Teig zu bleistiftlangen und -dünnen Rollen formen und auf ein mit Backpapier ausgelegtes Backblech legen. Nochmals 15 Minuten ruhen lassen. Die Grissini auf der mittleren Schiene 15 bis 20 Minuten backen und im ausgeschalteten, geöffneten Ofen auskühlen lassen.

▸ *Dieser Snack ist reich an den Vitaminen K und Folsäure.*

HAFERSCHLEIFCHEN

Die beiden Mehlsorten mit den Haferflocken mischen. Den Käse reiben. Dann alles mit der Butter, 1 Eigelb und dem Salz verkneten. Den Teig 30 Minuten kühl stellen. Den Backofen auf 200 °C (Gas Stufe 3, Umluft 180 °C) vorheizen. Den Teig zwischen Frischhaltefolie etwa 3 Millimeter dick ausrollen, zu 2 Zentimeter breiten und 6 Zentimeter langen Streifen schneiden und zu Schleifen drehen. Das zweite Eigelb mit einigen Tropfen Wasser verrühren, die Schleifen damit bestreichen und mit Kümmel, Mohn, Sesam und getrockneten Kräutern bestreuen. Die Schleifchen auf der mittleren Schiene 12 bis 15 Minuten goldgelb backen.

▸ *Dieser Snack ist reich an Vitamin K.*

Gehen Sie bloß nicht zaghaft mit frischen Kräutern um! Zerkleinern Sie mit einem scharfen Messer oder einer Küchenschere die kurz abgespülten und trockengetupften Blättchen und geben Sie sie erst kurz vor dem Anrichten über die Speisen. Kräuter regen die Verdauung und den Appetit an, sie wirken harntreibend, vermögen hohen Blutdruck zu senken, lösen Verkrampfungen und machen zufrieden.

Zwölf Uhr mittags – Zeit für die zweite Hauptmahlzeit. Sie soll uns fit machen für den Rest des Tages. Viel Gemüse, mageres Fleisch oder fettarmer Fisch, dazu ein paar leckere Kartoffeln, Nudeln oder körniger Reis bringen den verlorenen Schwung wieder zurück. Wer tierische Produkte verschmäht, der wählt stattdessen ein kerniges Getreidegericht.

High Noon für gesunden Genuss

Brokkoli mit Paprika und Cashewkernen

750 g Brokkoli
1 rote Paprikaschote
1 Bund Frühlingszwiebeln
1 rote Chilischote
300 g Schweinefilet
2 EL Sesamöl
1 EL Sojaöl
150 g ungesalzene Cashewkerne
1 TL Currypulver
100 g Sahnejogurt
1 TL Honig
1 TL Zitronensaft
Jodsalz
Pfeffer aus der Mühle
1 TL Korianderkörner
1 Msp. Kreuzkümmel

Zubereitungszeit:
30–35 Minuten
Schwierigkeitsgrad:
1 von 3
Pro Portion etwa 463 kcal/ 1942 kJ, 31 g EW, 28 g F, 22 g KH, 9 g B.

Tipp:
Wenn Sie über keinen Wok verfügen, dann können Sie dieses Gericht in einer hohen Pfanne oder in einem Topf mit schwerem Boden zubereiten. In diesem Fall verwenden Sie etwas Wasser, Brühe oder Wein zum Garen.

Den Brokkoli putzen und in kleine Röschen teilen, die Stiele schälen und in schmale Stifte schneiden. Die Paprikaschote und die Frühlingszwiebeln putzen, waschen und in schmale Streifen schneiden. Die Chilischote waschen und in dünne Ringe schneiden. Das Schweinefilet von den Silberhäutchen und Sehnen befreien, waschen, trockentupfen und in schmale Streifen schneiden. Das Sesamöl im Wok erhitzen und zunächst die Fleischstreifen darin 3 Minuten braten, herausnehmen und beiseite stellen. Das Sojaöl in den Wok gießen und die Brokkolistiele, die Paprika- und Zwiebelstreifen sowie die Chiliringe unter Rühren 3 Minuten darin braten. Die Brokkoliröschen hinzufügen und 3 Minuten garen. Die Fleischstreifen mit dem Fleischsaft und die Cashewkerne mit dem Curry und dem Jogurt in den Wok geben, unterrühren und kurz durchkochen lassen. Das Ganze mit Honig, Zitronensaft, Salz, Pfeffer, gemörserten Korianderkörnern sowie etwas Kreuzkümmel würzen.
Reichen Sie dazu körnigen Vollkornreis.

▸ *Dieses Gericht ist reich an den Vitaminen K, C, B_1, Folsäure, Pantothensäure, B_6, B_{12} und den Mineralstoffen Kalium und Magnesium.*

Brokkoli schmeckt wie Blumenkohl, aber auch ein bisschen wie Spargel, besonders die Stiele, daher wird er auch als Spargelkohl bezeichnet. Die Stiele werden übrigens nicht weggeworfen, sondern sorgfältig geschält und klein geschnitten. Auch die kleinen grünen Blättchen sollten Sie mitkochen. Brokkoli zählt mit zu unserem wertvollsten Gemüse. Es enthält wesentlich mehr Calcium als Blumenkohl, auch mehr Eisen, Carotin und Vitamin C und darüber hinaus B-Vitamine. Die zarten Brokkoliröschen sind in wenigen Minuten gar, die Stiele brauchen etwas länger. Brokkoli darf ruhig noch ein wenig Biss haben.

Bohnen, Lammfilet und Kichererbsenbällchen

4 Lammfilets
1 Bund Rosmarin
1 Bund Thymian
10 Lorbeerblätter
2 Knoblauchzehen
10 Wacholderbeeren
750 g grüne Buschbohnen
4 Stängel Bohnenkraut
Jodsalz
Pfeffer aus der Mühle
500 g Tomaten
1 Zwiebel
4 EL kaltgepresstes Olivenöl
1 Bund Petersilie
1 EL Butter

Für die Bällchen:
250 g gegarte Kichererbsen
1 Knoblauchzehe
2 Schalotten
1 Bund Suppengrün
½ TL frische Majoranblättchen
2–3 EL geriebener Parmesan
Jodsalz
5 EL Sesam
Sonnenblumenöl zum Braten

Zubereitungszeit:
1 Std. 30 Minuten
Schwierigkeitsgrad:
3 von 3
Pro Portion etwa 510 kcal/ 2141 kJ, 39 g EW, 28 g F, 24 g KH, 13,3 g B.

Das Fleisch von den Sehnen befreien, anschließend waschen und trockentupfen. Die Kräuter waschen und feucht um die Filets herumlegen. Das Päckchen in einen Bratschlauch legen, die Lorbeerblätter, die abgezogenen Knoblauchzehen und die zerdrückten Wacholderbeeren hinzufügen. Den Bratschlauch verschließen, in den kalten Backofen legen und auf 200 °C (Gas Stufe 3, Umluft 180 °C) erhitzen. Sobald die Temperatur erreicht ist, das Fleisch 15 bis 20 Minuten garen.
Inzwischen die Bohnen putzen, waschen und in wenig Wasser mit dem Bohnenkraut, Salz und Pfeffer etwa 15 Minuten garen.
Die Tomaten waschen, halbieren, die Stielansätze herausschneiden, die Früchte entkernen und mittelfein würfeln. Die Zwiebel abziehen, fein würfeln und in 3 Esslöffeln Öl weich schmoren, die Tomaten hinzufügen, kurz aufkochen lassen, dann mit Salz und Pfeffer würzen. Die Petersilie waschen, trockenschleudern und nicht zu fein hacken. Die bissfest gegarten Bohnen abschütten, mit der Petersilie, dem restlichen Öl sowie der Butter mischen und noch einmal erhitzen.
Für die Bällchen die Kichererbsen mit etwas Wasser oder Brühe grob pürieren. Die Knoblauchzehe abziehen und dazudrücken, die Schalotten sowie das Suppengrün putzen, würfeln, hinzufügen und alles zu einer formbaren Masse pürieren. Das Püree mit Majoran, Parmesan und Salz würzen. Mit feuchten Händen kleine Bällchen formen, im Sesam wälzen und im heißen Öl 10 bis 12 Minuten goldgelb braten.
Das Fleisch aus dem Kräuterbett nehmen, mit Salz und Pfeffer würzen, aufschneiden und mit den Bohnen, der Tomatensauce sowie den Kichererbsenbällchen anrichten.

▸ *Dieses Gericht ist reich an den Vitaminen K, C, B_{12}, A, E, Niacin, Folsäure, B_6 und den Mineralstoffen Kalium und Eisen.*

Kichererbsen ähneln geschälten Haselnüssen oder kleinen Köpfen (wenn man sie mit etwas Fantasie betrachtet). Sie werden wie alle Hülsenfrüchte verlesen, eingeweicht und in 60 bis 90 Minuten weich gekocht. Sie enthalten lebenswichtige Aminosäuren und reichlich Kalium, Magnesium, Calcium, Phosphor und Eisen, außerdem Pro-Vitamin A und B-Vitamine.

Paprikagemüse mit Grünkernfrikadellen

je 1 rote, gelbe und orange-farbene Paprikaschote
6 Stangen Staudensellerie mit Grün
1 Bund Frühlingszwiebeln
1 großer Apfel
3 Lorbeerblätter
Jodsalz
Pfeffer aus der Mühle
1 EL kaltgepresstes Olivenöl
1 EL Butter
4 Stängel Dill

Für die Frikadellen:
1 Zwiebel
1 Knoblauchzehe
1 EL Butter
200 g Grünkern
100 g Grünkernschrot
500–600 ml Gemüsebrühe
2 EL Magerquark
3 EL Sonnenblumenkerne
Jodsalz
Pfeffer aus der Mühle
1 Msp. Kreuzkümmel
½ TL getrockneter Majoran
1 TL Dijonsenf
2 EL kaltgepresstes Olivenöl
1 EL Butter

Zubereitungszeit:
1 Stunde
Schwierigkeitsgrad:
2 von 3
Pro Portion etwa 545 kcal/ 2286 kJ, 17 g EW, 24 g F, 64 g KH, 18,5 g B.

Die Paprikaschoten putzen, waschen und in schmale Streifen schneiden. Die Selleriestangen entfädeln oder dünn schälen, zartes Blattgrün beiseite legen, die Stangen waschen und in schmale Scheiben schneiden. Die Frühlingszwiebeln putzen, den weißen und hellgrünen Teil schräg in Scheiben schneiden. Das zerkleinerte Gemüse in wenig Wasser abgedeckt 10 Minuten köcheln lassen.
Den Apfel waschen, vierteln und entkernen. Die Viertel in dünne Spalten schneiden, mit den Lorbeerblättern, Salz und Pfeffer zum Gemüse geben und weitere 5 Minuten köcheln lassen. Das Gemüse mit Öl und Butter verfeinern und mit einigen Dillspitzen bestreuen.
Für die Frikadellen die Zwiebel und den Knoblauch abziehen, fein hacken und in der Butter weich schmoren. Den Grünkern mit dem Grünkernschrot in 500 Milliliter Gemüsebrühe 10 bis 15 Minuten garen. Bei Bedarf noch etwas Brühe nachgießen. Die Grünkernzubereitung abkühlen lassen. Dann mit dem Magerquark und den Zwiebeln verrühren. Die Sonnenblumenkerne fein mahlen und mit Salz, Pfeffer, Kreuzkümmel, Majoran, etwas fein gehacktem Selleriegrün sowie dem Senf und dem gegarten Grünkern zu einer formbaren Masse verarbeiten. Mit feuchten Händen 8 kleine Frikadellen formen und in der heißen Öl-Butter-Mischung 8 bis 10 Minuten braten. Die Grünkernfrikadellen mit dem Gemüse und einer Jogurtsauce mit Knoblauch und vielen frischen Kräutern anrichten.

▸ *Dieses Gericht ist reich an den Vitaminen C, K, A, E, B_6 und den Mineralstoffen Kalium und Magnesium.*

Dass Sellerie die Manneskraft stärkt, ist nicht bewiesen, aber dieses Gemüse – ob Knolle oder Staude – sollte kein Schattendasein mehr in der Küche führen und nur bescheiden das Suppengrün für eine kräftige Brühe aufwerten. Sellerie weist einen hohen Gehalt an Vitaminen, Mineralstoffen und bioaktiven Pflanzenstoffen auf, worauf seine allgemein gesundheitsfördernde Wirkung zurückgeführt wird. Menschen, die sich besonders nährstoffreich ernähren wollen, sollten wissen, dass die grünen Blätter des Sellerie einen Hauptteil der Nährstoffe enthalten – also nicht fortwerfen.

Gemüsetopf mit Sechskorngetreide

2 Knoblauchzehen
2 EL Butter
125 g Sechs-Korn-Getreide
2 EL Sonnenblumenöl
250 g Brokkoli-Röschen
200 g Möhren
1 kleiner Kohlrabi mit Grün
150 g grüne Bohnen
2 Stangen Staudensellerie
250 g geputzter Wirsing
Jodsalz
Pfeffer aus der Mühle
1 Stängel Rosmarin
3 Lorbeerblätter
4 Stängel Thymian
1 TL Korianderkörner
1 Stängel Zitronengras oder ein Stück Zitronenschale
350 g Tomaten
2 Msp. Safranfäden
Muskatnuss, Currypulver
Worcestershiresauce
1 Tasse Adzukibohnensprossen (siehe Seite 26)
1 Tasse gemischte gehackte Kräuter

Zubereitungszeit:
50–55 Minuten
Schwierigkeitsgrad:
1 von 3
Pro Portion etwa 305 kcal/1277 kJ, 13 g EW, 11 g F, 36 g KH, 15,5 g B.

Tipp:
Statt des Wirsings können Sie auch die gleiche Menge grünen Spargel für diesen Eintopf verwenden.

Den Knoblauch abziehen, durch die Presse drücken und in der heißen Butter kurz anschwitzen. Die Getreidemischung und das Öl dazugeben und kurz anbraten. Gut 1 Liter heißes Wasser dazugießen und das Getreide abgedeckt bei mittlerer Hitze 20 Minuten köcheln lassen.

Die Brokkoli-Röschen waschen, die Möhren und den Kohlrabi schälen und in Scheiben oder Stifte schneiden. Junges Kohlrabigrün grob hacken. Die Bohnen und die Selleriestangen putzen und mit dem Wirsing waschen, zartes Selleriegrün und die Wirsingblätter in Streifen schneiden. Das Gemüse mit dem Blattgrün zu dem Getreide geben, eventuell noch etwas Wasser dazugießen. Den Eintopf mit etwas Salz, Pfeffer, dem Stängel Rosmarin, den Lorbeerblättern, dem Thymian, den im Mörser zerdrückten Korianderkörnern und dem zerdrückten Stängel Zitronengras oder der Zitronenschale würzen. Alle Zutaten abgedeckt weitere 15 Minuten garen.

Inzwischen die Tomaten waschen, halbieren, die Stielansätze herausschneiden, die Früchte entkernen und in Streifen schneiden. Nach 15 Minuten den Eintopf noch einmal mit Salz nachwürzen und mit den Safranfäden, etwas frisch geriebener Muskatnuss, ein wenig Curry und Worcestershiresauce abschmecken. Die Kräuterstängel und die Lorbeerblätter entfernen. Die Adzukibohnensprossen kalt abspülen und mit den Tomatenspalten 3 Minuten in dem Eintopf erhitzen. Vor dem Anrichten mit den Kräutern bestreuen.

▸ *Dieser Eintopf ist reich an den Vitaminen K, C, A, Folsäure, E und dem Mineralstoff Kalium.*

Wirsing ist bei uns wie Weißkohl fast das ganze Jahr erhältlich. Die äußeren Blätter dieses Krauskopfs sollten immer entfernt werden. Außerdem muss jedes Blatt gründlich gewaschen werden, weil sich darin Insekteneier verstecken könnten.
Wirsing ist reich an Pro-Vitamin A, Vitamin C und B-Vitaminen sowie an den Mineralstoffen Calcium, Kalium und Eisen.

Süsskartoffelgratin

1 Bund Frühlingszwiebeln
2 Knoblauchzehen
1 EL Butter
2 EL kaltgepresstes Olivenöl
150 g Geflügelleber
200 g Rinderhackfleisch
500 g frischer Spinat
1 Bund Basilikum
Jodsalz
Pfeffer aus der Mühle
Muskatnuss
etwas Zitronensaft
700 g Süßkartoffeln
2 Orangen
Butter für die Form
50 ml süße Sahne
150 ml Milch
3 EL Paniermehl
3 EL geriebener Emmentaler
3 EL gehobelte Haselnüsse
1 TL Thymianblättchen
Butterflöckchen zum Bestreuen

Zubereitungszeit:
40–55 Minuten
***Backzeit:** 45–55 Minuten*
Schwierigkeitsgrad:
2 von 3
Pro Portion etwa 615 kcal/ 2579 kJ, 26 g EW, 28 g F, 62 g KH, 12,1 g B.

Tipp:
Natürlich können Sie für dieses Kartoffelgericht auch normale fest kochende Kartoffeln verwenden.

Die Frühlingszwiebeln putzen und klein schneiden. Den Knoblauch abziehen und durch die Presse drücken. Die Butter mit 1 Esslöffel Öl erhitzen und Zwiebeln und Knoblauch darin weich schmoren, herausnehmen und beiseite stellen.
Das restliche Öl in die Pfanne geben. Die Lebern putzen, waschen, trockentupfen und in dem heißen Fett rundherum 4 Minuten braten, herausnehmen und beiseite stellen. Nun das Rinderhackfleisch in dem Bratfett leicht krümelig braten. Den Spinat putzen, waschen und unter großer Hitze in einem Topf zusammenfallen lassen, abgießen und gut ausdrücken. Die Basilikumblätter von den Stielen zupfen, waschen, trockentupfen, grob schneiden und mit dem Spinat mischen. Den Spinat mit Salz, Pfeffer, frisch geriebener Muskatnuss und ein wenig Zitronensaft würzen. Die abgekühlten Lebern grob hacken, mit dem Hackfleisch, den Zwiebeln, Salz und Pfeffer mischen. Die Süßkartoffeln und die Orangen schälen und in dünne Scheiben schneiden. Den Backofen auf 200 °C (Gas Stufe 3, Umluft 180 °C) vorheizen. Eine Auflaufform einfetten und folgendermaßen füllen: Mit einer Lage Süßkartoffeln beginnen, es folgen Spinat, Orangenscheiben, Fleisch und so weiter. Die letzte Schicht besteht aus Kartoffeln. Jede Lage mit Salz, Pfeffer und Muskatnuss würzen. Die Sahne mit der Milch verrühren und darüber gießen. Das Paniermehl mit dem geriebenen Käse, den gehobelten Haselnüssen und den Thymianblättchen mischen. Über den Auflauf streuen und mit Butterflöckchen bestreuen. Die Form auf der mittleren Schiene im heißen Backofen 45 bis 55 Minuten backen.
Falls die Oberfläche zu braun wird, etwas Alufolie darüber legen.

▸ *Dieser Auflauf ist reich an den Vitaminen A, K, B_{12}, C, E, Folsäure, B_2, Biotin, Pantothensäure, B_6 und den Mineralstoffen Kalium und Eisen.*

Im Herbst und Winter werden Bataten, also Süßkartoffeln, auch bei uns angeboten. Sie sind spindelförmig mit rötlicher Schale und orangerotem Fleisch oder haben eine bräunliche Schale und weißes Fleisch. Die kartoffelähnliche Frucht ist reich an Carotin und Ballaststoffen und schmeckt etwas lieblicher als unsere Kartoffel.

Gefüllte Hähnchenbrust auf Grünkohl

2 kg Grünkohl
250 g Zwiebeln
4 EL Butterschmalz
½ Liter Gemüsebrühe
150 g getrocknete Birnen
¼ Liter Birnensaft
2 cl Birnenbrand
8 Walnusskerne
2 Hähnchenbrüste mit Haut und Knochen
Jodsalz
Pfeffer aus der Mühle
1 Birne
2–3 EL Buchweizenschrot oder Haferflocken
3 EL Crème double

Zubereitungszeit:
1 Std. 30 Minuten
Schwierigkeitsgrad:
2 von 3
Pro Portion etwa 649 kcal/ 2721 kJ, 43 g EW, 26 g F, 56 g KH, 28,3 g B.

Tipp:
Grünkohl braucht relativ viel Fett, damit er richtig gut schmeckt. Wollen Sie Fett einsparen, dann geben Sie zum Schluß etwas mehr Buchweizenschrot oder Haferflocken zum Gemüse und lassen es noch einmal 10 Minuten kochen.

Den Grünkohl von den Rippen abstreifen, gründlich waschen und in reichlich Wasser 3 Minuten kochen, abgießen und mittelfein hacken. Die Zwiebeln abziehen, fein würfeln und in 3 Esslöffeln Butterschmalz weich schmoren, den Grünkohl und die Brühe oder Wasser (und Salz) hinzufügen und 40 Minuten köcheln lassen. Zwischendurch öfter umrühren und eventuell noch etwas Wasser oder Brühe dazugießen.
Die getrockneten Birnen unter warmem Wasser abspülen und in dem Birnensaft 10 bis 15 Minuten köcheln lassen. Danach abgießen und den Saft auffangen, den Birnenbrand hinzufügen und die Birnen grob pürieren oder hacken. Die Walnusskerne mittelfein hacken und unterrühren.
Das Fleisch waschen, trockentupfen und mit den Händen die Haut vorsichtig anheben, nicht ablösen. Die Brüste rundherum mit Salz und Pfeffer einreiben. Die Birnenfüllung vorsichtig unter die Haut schieben. Die Hühnerbrüste im restlichen Butterschmalz auf der Hautseite 4 Minuten braten, wenden und bei kleiner Hitze abgedeckt 20 Minuten schmoren, zwischendurch öfter wenden und eventuell etwas Wasser angießen. Die Birne waschen und längs in 3 Millimeter dicke Scheiben schneiden. Buchweizenschrot oder Haferflocken unter den Grünkohl mischen, noch einmal mit Salz und Pfeffer und dem zurückgehaltenen Birnensaft abschmecken. Die Crème double einrühren und die Birnenscheiben obendrauf legen. Das Ganze weitere 10 Minuten köcheln lassen. Die Hähnchenbrüste von den Knochen lösen und schräg aufschneiden. Mit dem Grünkohl, den Birnen und kleinen Röstkartoffeln anrichten.

▸ *Dieses Gericht ist reich an den Vitaminen K, C, A, Folsäure, Niacin, B_6, E, Pantothensäure, B_2 und den Mineralstoffen Kalium, Calcium, Eisen und Magnesium.*

Der Norddeutsche mag den Grünkohl lieber als der Süddeutsche. Er schmeckt am besten, wenn er Frost bekommen hat, weil sich dadurch die Stärke in Zucker verwandelt. Wer schon vor dem ersten Frost Grünkohl essen möchte, der legt die geputzten und gewaschenen Blätter für einige Stunden einfach in den Tiefkühlschrank – oder entscheidet sich für tiefgekühlten Grünkohl.

Putenroulade auf Sauerkraut

200 g Zwiebeln
1 Knoblauchzehe
2 EL Butter
1 EL Wacholderbeeren
3 Lorbeerblätter
5 Pimentkörner
etwa 375 ml Apfelwein oder Apfelsaft
750 g Fass-Sauerkraut
½ TL Rosenpaprika
1 TL edelsüßes Paprikapulver
2 EL Crème double
2 orangefarbene Paprikaschoten
4 dünne Putenschnitzel à 160 g
Jodsalz
Pfeffer aus der Mühle
4 hauchdünne Scheiben Parmaschinken
2 EL geriebener Emmentaler
2 EL gehackte Petersilie
1 EL Butterschmalz
1 Glas Weißwein

Zubereitungszeit:
50–55 Minuten
Schwierigkeitsgrad:
1 von 3
Pro Portion etwa 435 kcal/ 1818 kJ, 44 g EW, 13 g F, 14 g KH, 11,1 g B.

Die Zwiebeln und den Knoblauch abziehen und fein würfeln. Die Butter in einem Topf erhitzen und die Zwiebel- und Knoblauchwürfel darin anschwitzen. Die zerdrückten Wacholderbeeren, die Lorbeerblätter, die Pimentkörner und gut 250 ml Apfelwein oder Apfelsaft dazugießen und ein Mal aufkochen lassen.

500 Gramm Sauerkraut dazugeben und abgedeckt bei mittlerer Hitze 20 bis 30 Minuten köcheln lassen. Eventuell noch etwas Flüssigkeit nachgießen. Kurz vor Garende das restliche Sauerkraut hinzufügen und mit beiden Sorten Paprikapulver würzen. Die Crème double zum Schluss unterrühren.

Die Paprikaschoten putzen, halbieren, waschen und 10 bis 15 Minuten unter dem heißen Grill, im heißen Backofen oder in einer Pfanne erhitzen, bis sich die Haut schwarz färbt. Ein feuchtes Tuch für 10 Minuten darüber legen, dann die Haut abziehen. Sie können die Schoten aber auch mit einem scharfen Sparschäler schälen und in wenig Wasser 10 Minuten garen.

Das Fleisch waschen, trockentupfen und zwischen Frischhaltefolie flach klopfen. Die Schnitzel beidseitig mit Salz und Pfeffer bestreuen. Jedes Schnitzel mit je 1 Schinkenscheibe und einer Paprikahälfte belegen, mit Käse und Petersilie bestreuen und aufrollen. Die Rouladen mit Holzspießchen feststecken und in dem heißen Butterschmalz rundherum insgesamt 10 bis 15 Minuten schmoren. Zwischendurch den Wein angießen. Die Rouladen schräg aufschneiden, auf dem Sauerkraut anrichten und mit etwas Bratensaft begießen.

Servieren Sie dazu ein grobes Kartoffelpüree mit geschmorten Champignons und Petersilie.

▸ *Dieses Gericht ist reich an den Vitaminen K, C, Niacin, B_6, D und dem Mineralstoff Kalium.*

Sauerkraut schmeckt am besten frisch aus dem Fass. Sein Wohlgeschmack hat auch die Dichter angeregt: Wilhelm Busch schickt Witwe Bolte in den Keller „dass sie von dem Sauerkohle/eine Portion sich hole,/ wofür sie besonders schwärmt,/ wenn er wieder aufgewärmt.“ Sauerkraut soll die Darmflora regenerieren, es fördert die Verdauung, enthält Vitamin A, C und B-Vitamine und sollte am besten roh verzehrt werden.

Mariniertes Rinderfilet auf Linsen

800 g Rinderfilet aus der Mitte
¼ Liter Rotweinessig
½ Liter kräftiger Rotwein
1 Zwiebel
2 Lorbeerblätter
1 kleiner Pfefferkuchen
1 TL Pfefferkörner
1 TL Senfkörner
2 Stängel Thymian
1 TL Zucker
1 Stange Staudensellerie

400 g Champagnerlinsen
3 Stangen Lauch
2 Möhren
2 EL Butterschmalz
Jodsalz
Pfeffer aus der Mühle
3 Lorbeerblätter
1 kleine Zimtstange
1 Msp. Kreuzkümmel
½ TL Currypulver
4 EL Linsensprossen
(siehe Seite 26)

3 EL kaltgepresstes Olivenöl
½ Bund glatte Petersilie

Marinierzeit:
2 bis 3 Stunden
Zubereitungszeit:
50–55 Minuten
Schwierigkeitsgrad:
2 von 3
Pro Portion etwa 720 kcal/ 3012 kJ, 67 g EW, 22 g F, 56 g KH, 17,5 g B.

Das Rinderfilet von allen Sehnen und Silberhäutchen befreien, waschen und trockentupfen. Den Essig mit dem Rotwein, der grob gehackten Zwiebel, den Lorbeerblättern, dem zerbröselten Pfefferkuchen, den Pfeffer- und Senfkörnern, dem Thymian, dem Zucker und der klein geschnittenen Selleriestange mischen, in eine Schüssel oder in einen Gefrierbeutel geben und das Fleisch hinzufügen. Im Kühlschrank 2 bis 3 Stunden ziehen lassen.
Die Linsen verlesen, waschen und 1 bis 2 Stunden in kaltem Wasser einweichen. Den Lauch putzen und den weißen und hellgrünen Teil ein Mal quer und drei Mal längs durchschneiden, waschen und gut abtropfen lassen. Die Möhren schälen und in streichholzdünne und -lange Streifen schneiden. Das Butterschmalz erhitzen und den Lauch und die Möhren darin unter Rühren 3 Minuten schmoren, herausnehmen und beiseite stellen.
Die Linsen abgießen, in einem Topf mit Wasser bedecken, mit Salz, Pfeffer, den Lorbeerblättern, der Zimtstange, Kreuzkümmel und Curry würzen und bei mittlerer Hitze abgedeckt 15 bis 20 Minuten garen. Die Linsensprossen abspülen, mit dem Lauch und den Möhren zu den Linsen geben und einige Minuten mitgaren.
Das Fleisch aus der Marinade nehmen, trockentupfen und in 2 Esslöffeln Öl rundherum anbraten, nach und nach etwas Marinade dazugießen und 20 bis 25 Minuten abgedeckt bei mittlerer Hitze schmoren. Die gewaschene Petersilie mittelfein hacken. Das Fleisch aufschneiden, auf den Linsen anrichten, mit Petersilie bestreuen und mit einer Mischung aus dem restlichen Öl, aus Marinade und Bratenfond beträufeln.
Servieren Sie dazu duftenden Basmatireis oder in Butter geschwenkte Spätzle.

▸ *Dieses Gericht ist reich an den Vitaminen K, B_{12}, Folsäure, A, B_6 und den Mineralstoffen Kalium, Eisen und Zink.*

Gefüllte Grünkernpfannkuchen

4 Eier (Gew.-Kl. L)
250 g Grünkernmehl
etwa 400 ml fettarme Milch
¼ TL Kräutersalz
Muskatnuss
2 EL flüssige Butter

Für die Füllung:
150 g Rahmfrischkäse
4 EL Magerquark
etwas Buttermilch
1 kleine Salzgurke
¼ Apfel
1 EL kleine Kapern
1 EL fein gehackte Zwiebeln
½ Tasse gehackte gemischte Kräuter
Jodsalz
Pfeffer aus der Mühle
200 g gekochte und geschälte Garnelen

kaltgepresstes Olivenöl zum Braten
2 EL geriebener Gouda
2 EL gehackte Sonnenblumenkerne
verschiedene Salatblätter
2 EL Sonnenblumenöl
1 EL Balsamico-Essig

Zubereitungszeit: *50–55 Minuten*
Ruhezeit: *1 Stunde*
Schwierigkeitsgrad: *2 von 3*
Pro Portion etwa 663 kcal/ 2781 kJ, 38 g EW, 32 g F, 55 g KH, 5 g B.

Zwei Eier trennen. Das Grünkernmehl in eine Schüssel sieben. Zwei Eier und 2 Eigelbe hinzufügen, ebenso die Milch, das Salz, etwas frisch geriebene Muskatnuss und die flüssige Butter.
Den Teig bei Zimmertemperatur 1 Stunde ruhen lassen. Für die Füllung den Frischkäse mit Quark und Buttermilch zu einer streichfähigen Creme verrühren. Die Salzgurke und das Stück geschälten und entkernten Apfel sowie die Kapern sehr fein hacken. Mit den gehackten Zwiebeln und Kräutern zum Frischkäse geben. Die Creme mit Salz und Pfeffer würzen. Die Garnelen abspülen, gut abtropfen lassen und entdarmen, dann mit der Creme mischen. Die beiden Eiweiße steif schlagen. Falls der Teig zu dickflüssig geworden ist, noch etwas Milch oder Wasser dazugießen, dann den Eischnee unterheben.
Den Backofen auf 160 °C (Gas Stufe 1, Umluft 140 °C) vorheizen. Etwas Öl in einer großen, beschichteten Pfanne erhitzen und nacheinander 8 große dünne Pfannkuchen backen. Jeden fertigen Pfannkuchen sofort mit etwas Creme bestreichen, zusammenklappen, auf eine große Platte legen und mit einer Mischung aus geriebenem Käse und Sonnenblumenkernen bestreuen. Im Backofen warm halten, bis alle Pfannkuchen gebacken und gefüllt sind. Die Salatblätter waschen, trockenschleudern und auf 4 großen Tellern hübsch anrichten. Das Öl mit dem Essig sowie Salz und Pfeffer verrühren und über die Salatblätter träufeln. Zuletzt die heißen Pfannkuchen darauf anrichten.

▸ *Dieses Gericht ist reich an den Vitaminen K, B_{12} und A.*

Neben dem beliebten Kopfsalat findet man heute eine Vielzahl an Salatsorten in den Gärten und bei den Händlern: Endivie, Frisée, Eisbergsalat, Romana (römischer Salat), Eichblattsalat, Lollo Rosso, Lollo Bianco, Batavia, roten Kopfsalat und Feldsalat.
Blattsalate enthalten Carotin, B-Vitamine und Vitamin C, außerdem Kalium, Calcium, Phosphor und Eisen. Die grünen Blätter sind nährstoffreicher als die hellen Herzen.

Süsssaurer Fischtopf mit Reis

200 g Zwiebeln
2 Knoblauchzehen
2 EL kaltgepresstes Olivenöl
100 g gekochter Schinken
750 g Tomaten
1 gelbe Paprikaschote
250 g Okraschoten
1 kleine Dose Maiskörner (Abtropfgewicht 140 g)
1 grüne Chilischote
¾ Liter Fleisch-, Fisch- oder Gemüsebrühe oder Weißwein
2 Lorbeerblätter
2 Stängel Thymian
1 Stängel Rosmarin
250 g Reismischung (Langkorn- und Wildreis)
250 g rohe Shrimps
250 g Lachsfilet
250 g Seelachsfilet
Jodsalz
Pfeffer aus der Mühle
1 Babyananas
1 EL Butter
4 EL gemischte gehackte Kräuter

Zubereitungszeit:
50–55 Minuten
Schwierigkeitsgrad:
2 von 3
Pro Portion etwa 664 kcal/ 2787 kJ, 53 g EW, 19 g F, 69 g KH, 10,6 g B.

Die Zwiebeln und den Knoblauch abziehen und fein würfeln. Beides in dem heißen Öl weich schmoren. Den Schinken würfeln und hinzufügen. Die Tomaten waschen, halbieren, die Stielansätze entfernen, die Früchte entkernen, grob würfeln und zum Schinken geben. Die Paprikaschote putzen, entkernen, waschen und in nicht zu kleine Würfel schneiden. Die Stielenden der Okraschoten wie einen Bleistift zuspitzen und die Schoten waschen, die Maiskörner abtropfen lassen. Die Chilischote entkernen und fein hacken. Alles mit der Brühe zum Schinken geben. Die Lorbeerblätter, Thymian- und Rosmarinstängel dazugeben und ein Mal aufkochen. Den Reis gründlich unter fließendem Wasser waschen, in den Topf zum Gemüse geben und alles abgedeckt bei mittlerer Hitze 15 Minuten garen. Zwischendurch öfter umrühren, eventuell noch etwas Flüssigkeit nachgießen.
Die Shrimps und die Fischfilets waschen und trockentupfen, die Filets in dicke Streifen schneiden und alles mit Salz und Pfeffer würzen. Dann auf den Eintopf legen und abgedeckt weitere 10 Minuten garen, zwischendurch den Fisch einmal wenden. Den Eintopf mit Salz und Pfeffer abschmecken. Die Ananas schälen, in nicht zu dicke Scheiben schneiden und in der heißen Butter auf beiden Seiten braten. Den Reis mit dem Gemüse auf einer Platte anrichten, mit den gebratenen Ananasscheiben, den Shrimps und Fischstreifen belegen und mit den Kräutern bestreuen.

▸ *Dieser Eintopf ist reich an den Vitaminen K, D, C, B_{12}, B_6, E, Niacin, Folsäure, B_1 und den Mineralstoffen Jod, Kalium und Magnesium.*

Reis gilt in Asien als Gottesgeschenk. In Indien wird ein großes Fest gefeiert, wenn ein Baby seinen ersten Reisbrei zu essen bekommt, Reis wird von Priestern geweiht, junge Paare lieben sich in Bali im Reisfeld, um ihre Fruchtbarkeit zu erhöhen. Auch bei uns hat es sich eingebürgert, ein frisch vermähltes Paar mit Reiskörnern zu bewerfen.
Entscheiden Sie sich wegen der viel höheren Nährstoffdichte für Naturreis. Er ist reich an B-Vitaminen, Kalium, Phosphor, Magnesium und Eisen.

Rotbarsch mit Senfgemüse aus dem Wok

Für das Senfgemüse:
300 g Kürbis
200 g Möhren
4 Stangen Staudensellerie
1 Bund Frühlingzwiebeln
1 rote Paprikaschote
4 EL Kürbiskernsprossen (siehe Seite 26)
1 EL Senfsprossen (siehe Seite 26)
1 EL Sesamöl
1 EL kaltgepresstes Olivenöl
1 Glas Senffrüchte (125 g Inhalt)
1 EL Balsamico-Essig

600 g Rotbarschfilet
Jodsalz
Pfeffer aus der Mühle
etwas Zitronensaft
1 Ei (Gew.-Kl. L)
3 Scheiben Vollkorn-Knäckebrot
2 EL heller und dunkler Sesam
1 EL Kokosraspeln
1 TL frische gehackte Estragonblätter
Rapsöl zum Braten
etwas Senfpulver

Zubereitungszeit:
50–55 Minuten
Schwierigkeitsgrad:
2 von 3
Pro Portion etwa 463 kcal/ 1935 kJ, 42 g EW, 24 g F, 19 g KH, 9,6 g B.

Für das Senfgemüse den Kürbis schälen, Kerne und alle Fasern entfernen, das Kürbisfleisch in etwa 1 x 1 Zentimeter große Würfel schneiden. Die Möhren und den Staudensellerie schälen, beides in streichholzlange und -dünne Stifte schneiden. Den weißen und hellgrünen Teil der Frühlingszwiebeln in dünne Scheiben schneiden. Die Paprikaschote nach Belieben dünn schälen und grob würfeln. Die Sprossen kalt abbrausen und abtropfen lassen. Die beiden Ölsorten im Wok oder in einer weiten Pfanne erhitzen. Das Gemüse bis auf die Sprossen darin unter Rühren 3 Minuten schmoren, dann die Sprossen, die Senffrüchte und den Essig hinzufügen und beiseite stellen.
Das Rotbarschfilet in 4 gleich große Stücke teilen, waschen, trockentupfen und mit Salz, Pfeffer und Zitronensaft bestreichen. Das Ei auf einem Teller mit einigen Tropfen Wasser und Salz verrühren. Das Knäckebrot im Mörser oder im Mixer zerkleinern, mit dem Sesam, den Kokosraspeln und den Estragonblättern mischen. Die Fischfilets zuerst durchs Ei ziehen, dann in die Brösel drücken und in dem heißen Öl auf beiden Seiten insgesamt 4 bis 6 Minuten bei mittlerer Hitze braten. Währenddessen das Gemüse noch einmal erhitzen und mit Salz, Pfeffer und Senfpulver abschmecken. Das Senfgemüse mit den Fischfilets und kleinen Pellkartoffeln mit viel Kerbel anrichten.

▸ *Dieses Gericht ist reich an den Vitaminen B_{12}, K, A, C, D, B_6 und den Mineralstoffen Kalium und Jod.*

Erst seit kurzem werden Kürbisse auch bei uns nicht mehr nur süßsauer eingelegt. Höchste Zeit, denn sie schmecken als Suppe, in Eintöpfen, aber auch als Gemüse mit vielen exotischen Gewürzen wie Ingwer und Kreuzkümmel oder verfeinert mit Sahne, Kürbiskernöl und knusprigen Kürbiskernen.
Kürbisse enthalten reichlich Beta-Carotin, B-Vitamine, Vitamin E und die Mineralstoffe Kalium, Eisen und Phosphor.

Kabeljau mit roten Linsen aus dem Ofen

500 g fest kochende Kartoffeln
2 Bund Frühlingszwiebeln
2 Knoblauchzehen
200 g rote Linsen
1 Lorbeerblatt
Jodsalz
Pfeffer aus der Mühle
1 Msp. Kreuzkümmel
½ TL Currypulver
50 g ganze, geschälte Mandeln
1 Kabeljau von 1 kg (küchenfertig, ohne Kopf)
3 Bund Schnittlauch
1 Glas Weißwein
4 EL saure Sahne

Zubereitungszeit: *30–35 Minuten*
Backzeit: *30–35 Minuten*
Schwierigkeitsgrad: *2 von 3*
Pro Portion etwa 542 kcal/2264 kJ, 56 g EW, 11 g F, 43 g KH, 10,8 g B.

Die Kartoffeln waschen und in 15 bis 20 Minuten knapp gar kochen, abschütten und pellen, dann längs vierteln. Von den Frühlingszwiebeln den weißen und hellgrünen Teil abschneiden und putzen, den dunkelgrünen Teil fein schneiden. Den Knoblauch abziehen und durch die Presse drücken. Die Linsen verlesen, waschen, in einem Topf mit Wasser bedecken und mit dem Lorbeerblatt, Salz, Pfeffer, Kreuzkümmel und Curry würzen. Die Linsen 10 Minuten abgedeckt köcheln lassen, dann abschütten und das Lorbeerblatt entfernen. Die Linsen mit den Kartoffeln, Zwiebeln, Mandeln, Zwiebelgrün und dem Knoblauch in einer länglichen Auflaufform mischen. Den Backofen auf 200 °C (Gas Stufe 3, Umluft 180 °C) vorheizen. Den Kabeljau waschen, trockentupfen und mit Salz und Pfeffer bestreuen. Den Fisch auf das Gemüse setzen. Den Schnittlauch mit kochendem Wasser übergießen und über den Fisch legen, dann den Wein angießen. Das Ganze mit einer eingefetteten Alufolie abdecken und im Backofen auf der mittleren Schiene 30 bis 35 Minuten garen. Vor dem Anrichten die saure Sahne über das Gemüse löffeln.

▸ *Dieses Gericht ist reich an den Vitaminen K, D, Folsäure, B_6 und den Mineralstoffen Jod, Kalium und Magnesium.*

Fische zählen zu den ältesten und den gesündesten Nahrungsmitteln. Vor Einführung moderner Kältetechnik und ausgeklügelter Transportmöglichkeiten bevorzugten Menschen im Binnenland Süßwasserfische. Heute kann jeder von uns frischen oder tiefgefrorenen Seefisch kaufen. Fisch ist reich an Eiweiß, den Vitaminen A, D und der B-Gruppe sowie an den Mineralstoffen Kalium, Phosphor und Eisen. Seefische enthalten außerdem besonders hohe Mengen an Jod. Um den Bedarf zu decken, sollte Seefisch mindestens zweimal in der Woche auf den Tisch kommen.

Quarkauflauf mit Rhabarberkompott

Für 6 Personen

50 g Butter
125 g Vollkorn-Grieß
½ Liter Magermilch
125 g Zucker
1 Prise Jodsalz
4 Eier (Gew.-Kl. M)
1 kg Magerquark
50 g ungeschwefelte Sultaninen
½ unbehandelte Zitrone
1 TL Zimtzucker
60 g Mandelblättchen
4 EL Butter

Für das Kompott:
500 g Rhabarber
100 g Zucker
100 ml Johannisbeersaft
1 Zimtstange
½ Lorbeerblatt
1 Gewürznelke
200 g Erdbeeren

Zubereitungszeit:
35–40 Minuten
Backzeit: *35–40 Minuten*
Schwierigkeitsgrad:
2 von 3
Pro Portion etwa 660 kcal/ 2768 kJ, 36 g EW, 23 g F, 74 g KH, 5,9 g B.

Tipp:
Dieser Quarkauflauf schmeckt auch mit anderen Früchten wie Heidelbeeren, Brombeeren, Himbeeren, Äpfeln, Pfirsichen oder Exoten.

Die Butter in einem Topf schmelzen lassen, den Grieß einrühren und kurz anschwitzen. Die Milch erhitzen, dazugießen und gut durchrühren. Den Zucker und das Salz einstreuen und alles 2 bis 3 Minuten köcheln lassen, dann beiseite stellen. Die Eier trennen, die Eigelbe nach und nach unter den warmen Grießbrei rühren. Die Eiweiße steif schlagen.
Den Backofen auf 180 °C (Gas Stufe 2, Umluft 160 °C) vorheizen. Die Grießzubereitung mit dem Quark und den Sultaninen verrühren. Die Zitrone heiß waschen, trockenreiben, einen Schnitz Schale abziehen und beiseite legen, den Rest zum Quark reiben. Die Frucht auspressen und den Saft, den Zimtzucker und die Hälfte der Mandelblättchen mit dem Quark mischen. Den Eischnee unter die Quarkzubereitung heben. Eine Auflaufform (etwa 2 Liter Inhalt) mit ein wenig Butter einfetten und den Quark einfüllen. Die Oberfläche mit Mandelblättchen und Butterflöckchen bestreuen. Den Auflauf auf der mittleren Stufe 35 bis 40 Minuten backen.
Währenddessen für das Kompott den Rhabarber putzen, waschen, schräg in mundgerechte Stücke schneiden und mit dem Zucker mischen. 20 Minuten ziehen lassen, dann mit dem Johannisbeersaft, dem Stück Zitronenschale, der Zimtstange, dem Lorbeerblatt und der Gewürznelke bissfest garen. Die Erdbeeren putzen, waschen und je nach Größe halbieren oder vierteln. Vor dem Anrichten mit dem Rhabarberkompott mischen.
Das Kompott nach Belieben warm oder kalt zum heißen Auflauf servieren.

▸ *Dieses Gericht ist reich an den Vitaminen B_{12}, K und B_2.*

Rhabarber ist ein Unikum: Die Wurzeln werden für Heilzwecke verwendet, die Stängel sind nährstoffreich und die Blätter giftig. Er gedeiht bei uns im Frühling. Nach dem 20. Juni sollte er wegen des hohen Oxalsäuregehalts nicht mehr geerntet werden. Oxalsäure behindert die Calciumaufnahme und kann die Bildung von Nierensteinen begünstigen.
Rhabarberstängel sind reich an den Mineralstoffen Kalium, Calcium, Phosphor sowie Eisen und enthalten Vitamin C.

Zwetschgen-Mirabellen-Auflauf mit Birnen

1 große Birne
250 g Zwetschgen
250 g Mirabellen
Butter für die Form
2 Zwiebacke
50 g Butter
80 g Zucker
60 g Roggenvollkornschrot
100 ml süße Sahne
100 g Crème fraîche
50 g gemahlene Walnüsse
2 EL Mandelblättchen
Butterflöckchen zum Bestreuen
Puderzucker zum Überstäuben

Zubereitungszeit:
30–35 Minuten
***Backzeit:** 15–20 Minuten*
Schwierigkeitsgrad:
1 von 3
Pro Portion etwa 593 kcal/ 2484 kJ, 6 g EW, 38 g F, 56 g KH, 7,2 g B.

Die Birne halbieren, schälen, entkernen und in schmale Spalten schneiden. Die Zwetschgen und Mirabellen waschen, trockenreiben und entsteinen. Eine ovale oder runde Auflaufform gut mit Butter einfetten. Die Zwiebacke grob reiben und in die Form streuen, die Früchte in einem anmutigen Muster hineinlegen. Den Backofen auf 200 °C (Gas Stufe 3, Umluft 180 °C) vorheizen. Die Butter mit dem Zucker in einem Topf schmelzen, den Schrot einrühren und kurz rösten. Den Topf vom Herd ziehen und die Sahne, die Crème fraîche sowie die gemahlenen Walnüsse einrühren und alles über die Früchte verteilen. Mandelblättchen und Butterflöckchen darüber streuen und auf der mittleren Schiene 15 bis 20 Minuten überbacken. Vor dem Anrichten mit etwas Puderzucker überstäuben.
Reichen Sie zu diesem heißen Fruchtauflauf eine kalte Vanillesauce.

▸ *Dieser süße Auflauf ist reich an Vitamin K.*

Die Heimat der Pflaume ist in Anatolien, Persien und Syrien zu suchen. Alexander der Große brachte sie nach Griechenland und von dort gelangte sie nach Italien. Die Römer führten die Pflaume dann in Deutschland ein. Die Zwetschge wurde in Deutschland 1560 erstmals erwähnt. Pflaumen und Zwetschgen wirken sehr gut bei Darmträgheit. Am besten fünf oder mehr Backpflaumen über Nacht in Wasser einweichen und am folgenden Tag gut kauen und das Einweichwasser in kleinen Schlucken dazu trinken.
Pflaumen und ihre Verwandten sind reich an B-Vitaminen, Eisen und Kalium.

Auf den folgenden Seiten finden Sie feine Desserts, die auch am Nachmittag schmecken. Wenn's schnell gehen muss, dann erfrischen kleine Gerichte mit knackigen Früchten, Milch oder Jogurt. Zur Kaffeestunde reicht man natürlich duftendes Gebäck, das obendrein auch noch besonders vitamin- und mineralstoffreich ist.

Leichtes und Süsses für den Nachmittag

Erdbeergelee mit Zitronenschaum

8 Blatt rote Gelatine
¼ Liter Erdbeermuttersaft (aus dem Reformhaus)
¼ Liter Weißwein
80 g Zucker
500 g Erdbeeren
4 Stängel Pfefferminze mit Blüten

Für die Sauce:
200 g fettarmer Jogurt
2 EL Honig
1 unbehandelte Zitrone
2 Eiweiß
2 EL Mandelblättchen

Zubereitungszeit:
30–35 Minuten
Kühlzeit: *etwa 6 Stunden*
Schwierigkeitsgrad:
1 von 3
Pro Portion etwa 281 kcal/ 1177 kJ, 9 g EW, 3 g F, 41 g KH, 3 g B.

Variation:
Dieses leichte Dessert schmeckt auch mit anderen Beerenfrüchten wie Himbeeren, Brombeeren oder einer Mischung aus Erdbeeren, Himbeeren und Brombeeren.

Die Gelatine 10 Minuten in kaltem Wasser einweichen. Den Erdbeermuttersaft mit dem Weißwein und dem Zucker ein Mal aufkochen lassen. Die Gelatine gut ausdrücken und im heißen, aber nicht mehr kochenden Saft unter Rühren auflösen. Die Erdbeeren putzen, waschen und je nach Größe ganz lassen, halbieren oder vierteln.
Dann 4 kleine Förmchen oder eine große Form mit kaltem Wasser ausspülen und den abgekühlten, aber noch nicht gelierenden Saft zusammen mit den Erdbeeren einfüllen. Einige Pfefferminzblättchen waschen, trockentupfen und in Streifen schneiden. Mit der Fruchtzubereitung mischen und abgedeckt im Kühlschrank in etwa 6 Stunden fest werden lassen.
Für die Sauce den Jogurt mit dem Honig verrühren. Die Zitrone heiß waschen und trockenreiben. Mit einem Zestenreißer die Schale abziehen oder die Schale mit einem Sparschäler entfernen und in sehr dünne Streifen schneiden. Die Frucht auspressen und die Hälfte des Safts zum Jogurt geben, ebenso einige Schalenstreifen. Den Jogurt abschmecken und nach Geschmack noch etwas Zitronensaft und/oder Zitronenschale hinzufügen. Die Eiweiße steif schlagen und kurz vor dem Anrichten unter die Jogurtzubereitung heben. Die Mandeln in einer trockenen Pfanne goldgelb rösten und beiseite stellen.
Die Sauce auf 4 Teller verteilen, das Gelee hineinstürzen (Förmchen vorher kurz in heißes Wasser tauchen) und mit den Mandelblättchen bestreuen. Die Dessertteller mit Pfefferminzblättchen und -blüten dekorieren.

▸ *Dieses Dessert ist reich an den Vitaminen C, K, D und dem Mineralstoff Kalium.*

Muttersäfte vieler Früchte und Beeren können Sie in Reformhäusern kaufen oder auch selbst herstellen. Unverdünnt sind sie keine trinkfähigen Säfte, vielmehr Ausgangsstoff für Süßmoste, Fruchtsirupe und -weine, Fruchtspeisen und Gelees. Der Saft von Weintrauben, Äpfeln und Birnen kann dagegen auch pur getrunken werden.
Für Muttersäfte werden die sauberen Früchte zuerst entsaftet. Anschließend in saubere Flaschen füllen, bei 75 Grad 20 Minuten sterilisieren und mit Gummikappen verschließen.

Mascarpone mit Quitten

Für 8 Personen

500 g Quitten
¾ Liter Quittensaft
100 g Honig
1 Stück frischer Ingwer
1 Zimtstange
3 Eier
65 g Zucker
1 Prise Salz
250 g Mascarpone
250 g Magerquark
4 EL Zitronensaft
150 g Brombeeren
80 g Zucker
1 EL Butter
1 EL süße Sahne
125 g grob gehackte Haselnusskerne
wenig Öl
150 g Vollkorn-Zwieback
etwas Puderzucker zum Überstäuben

Zubereitungszeit: *40–45 Minuten*
Kühlzeit: *etwa 6 Stunden*
Schwierigkeitsgrad: *1 von 3*
Pro Portion etwa 409 kcal/ 1713 kJ, 12 g E, 20 g F, 50 g KH, 5,5 g B.

Variation:
Die aromatischen Quitten können Sie nur im Herbst bei uns bekommen, stattdessen können Sie aber auch die gleiche Menge Äpfel oder Birnen für dieses Rezept verwenden.

Die Quitten abreiben, vierteln, schälen und entkernen, anschließend in grobe Stücke schneiden. Die Fruchtwürfel mit dem Saft, dem Honig, dem geschälten Stück Ingwer sowie der Zimtstange abgedeckt bei mittlerer Hitze etwa 30 Minuten köcheln lassen. Die weich gekochten Quittenwürfel mit wenig Kochflüssigkeit grob zerdrücken, den Rest Flüssigkeit beiseite stellen.

Die Eier trennen. Die Eigelbe mit Zucker und Salz im Wasserbad schaumig rühren, anschließend im kalten Wasserbad (Wasser mit ein paar Eiswürfeln) kalt schlagen. Die Eiweiße steif schlagen. Den Mascarpone, den abgetropften Quark und den Zitronensaft mit der abgekühlten Eigelbmasse verrühren und den Eischnee unterheben. Die Brombeeren putzen, waschen und abtropfen lassen. Den Zucker in einer Pfanne zu einem hellen Karamell schmelzen lassen, die Butter, die Sahne und die gehackten Haselnüsse hinzufügen und gut verrühren. Diese Masse auf leicht eingefettete Alufolie streichen und abkühlen lassen. Dann mit der Teigrolle sorgfältig zerkleinern.

Den Boden einer rechteckigen Form mit etwas Mascarponecreme bestreichen. Ein paar Zwiebacke von beiden Seiten in den Quittensud tauchen, auf die Creme legen und mit etwas Quittenmus und einigen Haselnusskrokantstückchen bestreuen. Es folgen Mascarponecreme, getränkte Zwiebacke, Quittenmus, Krokant (ein wenig zum Garnieren beiseite legen) und so weiter. Die letzte Schicht besteht aus Mascarponecreme. Die Brombeeren und das restliche Krokant darüber streuen. Das Dessert im Kühlschrank etwa 6 Stunden durchziehen lassen. Vor dem Anrichten mit Puderzucker überstäuben.

▸ *Dieses Dessert ist reich an den Vitaminen E, K und B_{12}.*

Der Raub der goldenen Äpfel gehörte zu den zwölf Aufgaben, die Herkules der griechischen Sage nach zu bewältigen hatte. Auf dem Weg dorthin begegnete er Atlas, der das Himmelsgewölbe trug. Sie tauschten und Atlas besorgte die Äpfel in den Gärten der Hesperiden. Nun wollte Atlas das Himmelsgewölbe nicht mehr tragen. Nur mit einer List kam Herkules zu den Äpfeln und überließ Atlas wieder den Himmel. Diese goldenen „Äpfel" sollen Quitten gewesen sein.

Exotischer Obstsalat

2 EL ungeschwefelte Sultaninen
1 cl Rum
1 Kiwi
1 Sternfrucht (Karambole)
1 Babyananas
1 Apfelbanane
1 Orange
1 kleine Mango
100 g Himbeeren
100 g Heidelbeeren
250 g Erdbeeren
100 ml süße Sahne
1 TL Honig
4 Paranüsse
etwas Kakaopulver zum Bestreuen

Zubereitungszeit:
30–35 Minuten
Schwierigkeitsgrad:
1 von 3
Pro Portion etwa 284 kcal/ 1189 kJ, 4 g EW, 11 g F, 38 g KH, 8,2 g B.

Die Sultaninen mit dem Rum beträufeln und beiseite stellen. Die Kiwi schälen, in Scheiben schneiden, dann halbieren. Die dunklen Kanten der Karambole wegschneiden, die Frucht waschen und in Scheiben schneiden. Die Babyananas, die Banane und die Orange schälen und in nicht zu kleine Stücke teilen. Die Mango schälen und in Spalten vom Stein schneiden. Die Himbeeren, Heidelbeeren und Erdbeeren verlesen, putzen, waschen und gut abtropfen lassen. Vier schöne Erdbeeren halbieren, den Rest pürieren.
Alle Früchte dekorativ auf 4 Desserttellern anrichten und mit den eingeweichten Sultaninen bestreuen. Die Sahne steif schlagen und mit dem Honig und dem Erdbeerpüree mischen. Die Erdbeersahne über die Früchte spritzen. Die Paranüsse knacken, die Nusskerne fein hobeln und mit etwas Kakaopulver über den Salat streuen.

▸ *Dieser Salat ist reich an den Vitaminen C, K, A, E, Folsäure und dem Mineralstoff Kalium.*

Wenn wir heute Früchte aus der ganzen Welt genießen können, dann verdanken wir das den modernen Transportmitteln und der ausgeklügelten Kühltechnik.
Zu den beliebtesten exotischen Früchten gehören bei uns Bananen, Zitrusfrüchte, Melonen, Ananas, Mangos, Feigen und Datteln, Avocados, Karambole (Sternfrucht), Granatäpfel, Kiwis, Kaki und Sharonfrüchte. Weniger bekannt sind Mangostane, Granadilla, Kiwano, Cherimoya, Litschi, Rambutan, Physalis, Tamarillo und andere. Kaufen Sie ein paar von den Früchten, die Sie noch nicht kennen, und probieren Sie sie. Die meisten schmecken roh und pur am besten.

Jogurtmousse mit Waldfrüchten

4 Blatt rote Gelatine
4 Blatt weiße Gelatine
300 g fettarmer Jogurt
4 EL Zitronensaft
2 Eigelb
50 g Zucker
125 ml süße Sahne
1 EL ungesalzene, gehackte Pistazien
1 EL gemahlener Mohn
200 g Walderdbeeren
200 g Waldhimbeeren
200 g Brombeeren
200 g Heidelbeeren
4 EL Honig
2 Stängel Zitronenmelisse

Zubereitungszeit:
30–35 Minuten
Kühlzeit: *etwa 6 Stunden*
Schwierigkeitsgrad:
1 von 3
Pro Portion etwa 361 kcal/ 1513 kJ, 11 g EW, 14 g F, 45 g KH, 10,8 g B.

Die rote und weiße Gelatine getrennt 10 Minuten in kaltem Wasser einweichen. Den Jogurt in einer Schüssel mit dem Zitronensaft verrühren. Die Eigelbe mit dem Zucker sehr schaumig schlagen, mit dem Jogurt verrühren und die Masse halbieren. Die Gelatine gut ausdrücken und getrennt bei milder Hitze verflüssigen. Die rote Gelatine mit einer Hälfte und die weiße Gelatine mit der anderen Hälfte des Jogurts vermengen. Die Sahne steif schlagen und jeweils die Hälfte mit der rosafarbenen und der weißen Creme mischen. Die Pistazien unter die weiße Masse rühren, den Mohn unter die andere. Beide Zubereitungen für etwa 6 Stunden kalt stellen.
Alle Früchte verlesen, putzen, waschen und gut abtropfen lassen. Knapp die Hälfte der Früchte mit 2 Esslöffeln Honig pürieren, die ganzen Früchte einrühren und auf 4 Dessertteller verteilen. Mit einem Esslöffel von den beiden Moussesorten kleine Klößchen abstechen und auf die Fruchtzubereitung setzen. Mit etwas Honig beträufeln und mit Melisseblättchen garnieren.

▸ *Dieses Dessert ist reich an den Vitaminen C, K, E, Pantothensäure und den Mineralstoffen Calcium, Kalium und Eisen.*

Pistazien sind seit über 5000 Jahren bekannt und werden auch in der Bibel erwähnt. Sie gedeihen in Teilen Asiens, im Vorderen Orient und in Kalifonien. Wegen ihres hohen Fettgehalts, der zwischen 45 und 55 Prozent liegt, sind sie nicht lange lagerfähig. Ihrer Gesundheit zuliebe sollten Sie stets auf geröstete und gesalzene Nüsse verzichten. Pistazien enthalten rund 65 Prozent einfach ungesättigte Fettsäuren und rund 15 Prozent mehrfach ungesättigte Fettsäuren im Fettanteil. Darüber hinaus verfügen sie über hochwertiges Eiweiß, der Kohlenhydratanteil liegt bei rund 20 Prozent. Sie sind reich an Kalium, Calcium, Eisen, Phosphor und Magnesium sowie an dem Pro-Vitamin A.

Hirsesoufflé mit Pflaumen

Für 6 Personen

300 g gelbe Pflaumen
300 g blaue Pflaumen
100 g Rohrzucker
100 ml halbtrockener Weißwein
1 Zimtstange
1 Scheibe von einer unbehandelten Zitrone

300 ml Magermilch
50 g Butter
6 EL Zucker
1 Päckchen Vanillezucker
1 Prise Salz
175 g gemahlene Hirse
3 Eier (Gew.-Kl. L)
1 TL Zitronensaft
Butter für die Form
2 EL gemahlene Mandeln
6 ganze geschälte Mandeln

Zubereitungszeit:
30–35 Minuten
***Backzeit:** 25–30 Minuten*
Schwierigkeitsgrad:
2 von 3
Pro Portion etwa 380 kcal/ 1592 kJ, 8 g EW, 7 g F, 68 g KH, 2,8 g B.

Die Pflaumen waschen, trockenreiben, halbieren und entsteinen. Den Zucker mit dem Weißwein, der Zimtstange sowie der Zitronenscheibe zum Kochen bringen und die halbierten Pflaumen darin bissfest garen. Die Früchte sollen nicht zerfallen und die Flüssigkeit dickflüssig eingekocht sein. Das Kompott kühl stellen. Die Milch mit der Butter, dem Zucker, dem Vanillezucker und dem Salz zum Kochen bringen. Die gemahlene Hirse einrühren und kurz aufkochen, dann abgedeckt ausquellen lassen. Den Backofen auf 200 °C (Gas Stufe 3, Umluft 180 °C) vorheizen.
Die Eier trennen, die Eigelbe mit dem lauwarmem Hirsebrei verrühren. Die Eiweiße mit dem Zitronensaft steif schlagen. Kleine ofenfeste Förmchen gut einfetten und mit den gemahlenen Mandeln ausstreuen. Den Eischnee unter den Hirsebrei heben und die Förmchen jeweils zur Hälfte damit füllen. In jedes Förmchen eine ganze Mandel legen und mit der restlichen Hirsezubereitung abdecken. Die Förmchen mit Alufolie verschließen. Eine Schale mit kochendem Wasser füllen und die Förmchen hineinstellen. Auf der mittleren Stufe 25 bis 30 Minuten backen.

Das abgekühlte Kompott auf 6 Dessertteller verteilen und das Hirsesoufflé darauf stürzen.

▶ *Dieses Soufflé ist reich an den Vitaminen K, B_{12}, D, E und den Mineralstoffen Kalium, Magnesium und Eisen.*

Im Prinzip könnten wir ohne Zucker leben – wenn dieser herrlich süße Geschmack nicht wäre. Bei uns wird Zucker überwiegend aus der Zuckerrübe gewonnen. Die nährstoffreiche Rübe wird so lange bearbeitet und behandelt, bis der wohlbekannte Haushaltszucker entstanden ist. Dieser enthält kein Fett, keine Ballaststoffe, keine Vitamine und Mineralstoffe. Zuckerrübensirup und Melasse enthalten ebenso wenig Nährstoffe. Sehr gering ist auch der Nährstoffgehalt von Ahornsirup, Apfel- und Birnendicksaft. Honig enthält geringe Mengen an Vitaminen und Mineralstoffen. Deshalb sollten all diese Süßungsmittel nur als Gewürz eingesetzt werden.

Sylter Grütze mit Bayerischer Creme

Für 6 Personen

6 Blatt weiße Gelatine
350 ml fettarme Milch
1 Vanilleschote
1 Stück unbehandelte Zitronenschale
1 Prise Salz
4 Eigelb
85 g Zucker
250 ml süße Sahne

200 g Erdbeeren
200 g Himbeeren
200 g Sauerkirschen
200 g rote Johannisbeeren
100 g schwarze Johannisbeeren
4 EL Zucker
4 EL Portwein oder Rotwein
½ TL Speisestärke
1 Prise Lebkuchengewürz
2 EL ungesalzene, gehackte Pistazien

Zubereitungszeit: *40–45 Minuten*
Kühlzeit: *etwa 4 Stunden*
Schwierigkeitsgrad: *2 von 3*
Pro Portion etwa 396 kcal/1658 kJ, 9 g EW, 21 g F, 40 g KH, 7,1 g B.

Die Gelatine in kaltem Wasser 10 Minuten einweichen. Die Milch in einen Topf gießen. Die Vanilleschote aufschlitzen, das Mark herausschaben. Beides mit dem Stück Zitronenschale sowie Salz zur Milch geben und aufkochen, dann beiseite stellen.
Die Eigelbe mit dem Zucker cremig rühren. Die heiße, aber nicht mehr kochende Milch langsam dazugießen. Die Eiermilch durch ein feines Sieb gießen. Die Gelatine gut ausdrücken und in der warmen Flüssigkeit durch Rühren völlig auflösen. Die Vanillemilch abkühlen lassen. Bevor sie zu gelieren beginnt, die Sahne steif schlagen und unterheben. Die Creme in kleine, kalt ausgespülte Förmchen oder in eine große Form füllen und in etwa 4 Stunden im Kühlschrank fest werden lassen.
Für die Grütze die Erdbeeren, Himbeeren und die Sauerkirschen verlesen, putzen, waschen und gut abtropfen lassen, die Kirschen entsteinen. Die beiden Johannisbeersorten waschen, abzupfen und mit etwas Wasser, dem Zucker und dem Wein zum Kochen bringen, dann durch ein Sieb streichen, die Kirschen hinzufügen und aufkochen. Die Speisestärke mit etwas kaltem Wasser und dem Lebkuchengewürz anrühren und die Fruchtzubereitung damit leicht binden. Die restlichen Früchte einrühren und abkühlen lassen.
Die lauwarme Grütze mit der Bayerischen Creme auf Desserttellern anrichten und mit den Pistazien bestreuen.

▸ *Diese Süßspeise ist reich an den Vitaminen C, K, A, D, B_{12}, Pantothensäure und dem Mineralstoff Kalium.*

Sauerkirschen (Schattenmorellen, Weichseln) enthalten fast ebenso viel Zucker wie die Süßkirschen, aber mehr Säure. Sie schmecken am besten als Kompott, Suppe oder Kuchenbelag.
Sie enthalten Vitamin C, B-Vitamine und Carotin, darüber hinaus Kalium, Calcium, Magnesium, Eisen und Phosphor. Heranwachsenden wird zur allgemeinen Kräftigung ein reichlicher Kirschgenuss empfohlen.

Grapefruitsalat mit Nuss-Krokant

75 g Zucker
1 EL Honig
20 g Butter
3 EL kernige Haferflocken
1 EL Pinienkerne
2 EL ungesalzene Pistazien
2 EL Mandelstifte
etwas Öl

1 gelbe Grapefruit
1 rote Grapefruit
1 rosa Grapefruit
1 EL Ahornsirup
1 große Staude Chicorée
4 Kugel Orangeneis
1 EL Kokosraspeln

Zubereitungszeit:
35–40 Minuten
Schwierigkeitsgrad:
1 von 3
Pro Portion etwa 468 kcal/ 1998 kJ, 6 g EW, 16 g F, 65 g KH, 5,8 g B.

Variation:
Wenn Ihnen Grapefruits zu bitter schmecken, dann bereiten Sie dieses Dessert mit sechs Orangen zu.

Den Zucker in einem schweren Topf zu einem hellen Karamell schmelzen lassen. Den Honig und die Butter vorsichtig einrühren, die Masse schäumt kräftig auf. Die Haferflocken, Pinienkerne, Pistazien und Mandelstifte einrühren. Einen großen Bogen Alufolie einfetten, die Nussmasse darauf streichen und fest werden lassen.
Inzwischen die Grapefruits wie einen Apfel schälen und dabei auch die weiße, bittere Haut entfernen. Mit einem scharfen Messer zwischen die Trennwände schneiden und so die Filets lösen. Fruchtrückstände gut ausdrücken. Den Fruchtsaft mit dem Ahornsirup süßen und über die Grapefruitfilets gießen. Die äußeren Blätter des Chicorées entfernen, die einzelnen großen Blätter lösen und dekorativ auf 4 Teller verteilen, ebenso die Grapefruitfilets. Den Saft sirupartig einkochen. Den Krokant zerkleinern und über die Grapefruits streuen. Jeweils 1 Kugel Orangeneis dazusetzen, mit dem Sirup beträufeln und mit einigen Kokosraspeln bestreuen.

▸ *Dieser Fruchtsalat ist reich an den Vitaminen C, K und dem Mineralstoff Kalium.*

Pampelmusen sind keine Grapefruits! Erstere können bis zu 6 Kilogramm schwer werden, ihre Schale ist dick und sie sind viel weniger saftig als die Grapefruits. Es wird vermutet, dass diese Früchte aus einer zufälligen Kreuzung zwischen Pampelmuse und Orange entstanden sind. Gelbfleischige Grapefruits schmecken herb-süßlich mit bitterer Note, rosafleischige Früchte schmecken mild und noch milder sind die roten. Grapefruits enthalten reichlich Vitamin C, Kalium, Magnesium, Calcium, Eisen und Phosphor.

Tofucreme mit Feigen und Granatapfel

8 getrocknete Feigen
1 Glas kräftiger Rotwein
200 g Tofu
1 TL frisch geriebener Ingwer
3 EL Zitronensaft
3 EL Orangenblütenhonig
etwas abgeriebene Orangenschale
6–8 EL frisch gepresster Orangensaft
½ Messlöffel Biobin (aus dem Reformhaus)
8 Pekannusskerne
1 Granatapfel
4 große frische Feigen

Zubereitungszeit:
35–40 Minuten
Schwierigkeitsgrad:
1 von 3
Pro Portion etwa 367 kcal/ 1536 kJ, 10 g EW, 9 g F, 52 g KH, 6,5 g B.

Die getrockneten Feigen mit dem Rotwein erhitzen und bei milder Hitze 10 Minuten köcheln lassen. Dann zum Abkühlen beiseite stellen.
Den Tofu abtropfen lassen, dann mit dem Ingwer, dem Zitronensaft, dem Honig, der Orangenschale sowie dem Orangensaft cremig, aber formbar rühren. Eventuell mit etwas Biobin binden. Von den Pekannusskernen einige zum Garnieren beiseite legen, den Rest mittelfein hacken. Mit der Tofucreme mischen. Den Granatapfel vierteln und die roten Beeren herauslösen. Die frischen Feigen waschen, trockenreiben und vierteln. Die gekochten Feigen abtropfen lassen, fein hacken und mit der Tofucreme verrühren. Den Kochsud sirupartig einkochen. Die Tofucreme in einen Spritzbeutel mit weiter Sterntülle füllen und in 4 Dessertschalen spritzen. Das Dessert mit den Feigenvierteln, den Granatapfelbeeren sowie den Pekannüssen bestreuen und zum Schluss mit dem Rotweinsirup beträufeln.

▸ *Diese Creme ist reich an den Vitaminen K, D, C, Folsäure, B_6 und den Mineralstoffen Kalium, Magnesium, Calcium und Eisen.*

Frische Feigen schmecken lieblich-süß, ihre Haut ist gelb, grün, violett oder schwarzblau. Die Früchte werden vorsichtig unter heißem Wasser gewaschen und am besten roh verzehrt. Getrocknete Feigen sind ein praktischer und höchst gesunder Imbiss für unterwegs. Frische oder getrocknete und eingeweichte Trockenfeigen regen die Verdauung an, die Früchte sind reich an B-Vitaminen sowie den Mineralstoffen Kalium, Calcium, Eisen, Magnesium und Phosphor.
Der Granatapfel ist keine Frucht zum Reinbeißen. Die Schale ist glatt und ledrig. Schneidet man die Frucht auf, kann man die vielen kleinen saftigen Beeren herauslöffeln – oder die Frucht auspressen. Die ebenso dekorative wie gesunde Frucht gab sowohl der spanischen Stadt Granada und dem roten Edelstein Granat als auch der Kriegswaffe Granate den Namen. Granatäpfel enthalten Vitamin C, B-Vitamine und Kalium.

Eistorte mit heisser Apfelsauce

Für 12 Personen

65 g Walnüsse
65 g kernige Haferflocken
4 EL Zucker
2 EL Butter
etwas Öl
etwa 65 g Baisers
80 g Borkenschokolade
80 g Mandelblättchen
½ Liter süße Sahne

1 kg Äpfel (z.B. Boskop oder Cox Orange)
2 EL Zitronensaft
¼ Liter Apfelwein oder Apfelsaft
8 EL Apfeldicksaft
75 g Rum-Rosinen (Fertigprodukt)
4 cl Apfelschnaps (Calvados)
Puderzucker zum Überstäuben

Kühlzeit:
etwa 12 Stunden
Zubereitungszeit:
45–55 Minuten
Schwierigkeitsgrad:
2 von 3
Pro Portion etwa 371 kcal/ 1553 kJ, 5 g EW, 19 g F, 43 g KH, 3,9 g B.

Die Walnüsse mittelfein hacken und mit den Haferflocken mischen. Den Zucker zu einem hellen Karamell schmelzen lassen, dann die Butter dazugeben und die Haferflocken und Walnüsse einrühren. Einen Bogen Alufolie mit etwas Öl bestreichen und die Masse darauf erkalten lassen.
Die Baisers sowie die Schokolade grob hacken und mit den Mandelblättchen mischen. Den Krokant zerkleinern und hinzufügen. Die Sahne steif schlagen und unter die Zutaten heben. Eine Gugelhupfform oder eine andere dekorative Kuchenform mit der Eismasse füllen. Die Oberfläche glatt streichen und im Gefrierschrank in etwa 12 Stunden fest werden lassen.
Die Äpfel schälen, vierteln und entkernen. Zwei Drittel würfeln, mit dem Zitronensaft und dem Apfelwein oder Apfelsaft weich kochen und zerdrücken. Die restlichen Äpfel in dünne Spalten schneiden und in dem Apfelpüree bei kleiner Temperatur bissfest garen. Den Apfeldicksaft, die Rum-Rosinen und den Apfelschnaps einrühren.
Die Eistorte 20 Minuten vor dem Servieren aus dem Gefrierschrank nehmen, in Portionsstücke schneiden und auf Teller verteilen. Die lauwarme Apfelsauce dazugeben und das Ganze nach Belieben mit etwas Puderzucker überstäuben.

▸ *Dieses Dessert ist reich an den Vitaminen E, K und dem Mineralstoff Kalium.*

Der Apfel ist bei uns das beliebteste Obst. Und das ist gut so. Besonders nährstoffreich sind aber nicht die großen, schönen, glatten, der EU-Norm entsprechenden Äpfel, sondern die reif gepflückten, knubbeligen und in natürlicher Umgebung herangereiften Früchte. Also halten Sie Ausschau nach einem Bauern in Ihrer Umgebung und besorgen Sie sich dort Ihr Obst. Äpfel sind reich an Ballaststoffen wie Pektin, das den Cholesterinspiegel senken hilft. Äpfel enthalten Vitamin C, B-Vitamine, reichlich Kalium, Calcium, Phosphor und Eisen.
Der Vitamin-C-Gehalt variiert bei den Äpfeln je nach Sorte, den höchsten Wert fand man beim Berlepsch, gefolgt von Undine, Idared, Jonagold, Boskop, Golden Delicious und Elstar.

Honigparfait mit Aprikosen

Für 6 Personen

2 Eier (Gew.-Kl. M)
2 Eigelb
1 Prise Salz
150 g Akazienhonig
350 ml süße Sahne
1 TL Orangenlikör nach Belieben
etwas abgeriebene Schale einer unbehandelten Orange

500 g Aprikosen
4 EL Zucker
100 ml Aprikosennektar
2 cl Aprikosenlikör
2 EL ungesalzene, gehackte Pistazien
2 Stängel Pfefferminze

Zubereitungszeit:
40–45 Minuten
***Kühlzeit:** etwa 6 Stunden*
Schwierigkeitsgrad:
2 von 3
Pro Portion etwa 385 kcal/ 1614 kJ, 6 g EW, 17 g F, 48 g KH, 1,9 g B.

Die Eier mit den Eigelben und dem Salz im heißen Wasserbad sehr cremig rühren. Den Honig langsam einlaufen lassen und weiterrühren. Die Schüssel ins kalte Wasserbad (mit Eiswürfeln) stellen und so lange weiterrühren, bis die Masse sehr hell und dickflüssig geworden ist. Die Sahne steif schlagen und unter die abgekühlte Honigcreme heben. Anschließend mit dem Likör und etwas abgeriebener Orangenschale würzen.
Die Parfaitmasse in Schälchen oder Kaffeetassen füllen, mit Alufolie verschließen und im Gefrierschrank in etwa 6 Stunden fest werden lassen.
Die Aprikosen waschen, trockenreiben, halbieren und entsteinen. Anschließend in dicke Spalten schneiden.
Den Zucker in einem weiten Topf zu einem hellen Karamell schmelzen. Die Aprikosenspalten kurz in dem Karamell schmoren, dann mit dem Aprikosennektar und dem Likör ablöschen und die Früchte bissfest garen. Das Kompott auf Zimmertemperatur abkühlen lassen.
Das Parfait etwa 20 Minuten vor dem Servieren aus dem Gefrierschrank holen. Dann auf Dessertteller stürzen und die Aprikosen dazugeben. Das Parfait und die Früchte mit gehackten Pistazien bestreuen und mit einigen Pfefferminzblättchen garnieren.

▸ *Dieses Dessert ist reich an den Vitaminen A, K, D, B_{12} und dem Mineralstoff Kalium.*

Obwohl die Aprikosen köstlich schmecken, hat Hildegard von Bingen vor dem Genuss gewarnt. Wahrscheinlich haben die Menschen früher nicht nur das Fruchtfleisch, sondern auch den bitteren, blausäurehaltigen Kern verspeist.
Aprikosen sind nur vollmundig und saftig, wenn sie reif geerntet werden. Sie sind reich an Carotin, B-Vitaminen, Vitamin C sowie an Kalium, Calcium, Eisen und Phosphor. Wie alle Obst- und Gemüsesorten weisen sie ein günstiges Kalium-Natrium-Verhältnis auf und wirken sich positiv bei Herz-Kreislauf-Störungen aus.

Eis-Trikolore

HIMBEER-GRANITÉ
125 g Zucker
300 g Himbeeren
1 EL Zitronensaft

Pro Portion etwa 156 kcal/ 653 kJ, 1g EW, 0 g F, 36 g KH, 5 g B.

Variation:
Nehmen Sie hierfür auch einmal Heidelbeeren, Johannisbeeren, Erdbeeren und Brombeeren.

PISTAZIEN-GRANITÉ
80 g Zucker
125 g Marzipanrohmasse
50 g ungesalzene Pistazien
etwas grüne Speisemittelfarbe

Pro Portion etwa 296 kcal/ 1240 kJ, 4 g EW, 12 g F, 43 g KH, 2,9 g B.

ZITRONEN-GRANITÉ
125 g Zucker
125 ml frisch gepresster Zitronensaft
etwas gelbe Speisemittelfarbe

Pro Portion etwa 158 kcal/ 661kJ, 0 g EW, 0 g F, 37 g KH, 0 g B.

Zubereitungszeit:
jeweils 15–20 Minuten
Kühlzeit:
jeweils etwa 4 Stunden
Schwierigkeitsgrad:
alle 1 von 3

HIMBEER-GRANITÉ
Den Zucker mit 75 ml Wasser zum Kochen bringen und 5 Minuten sprudelnd kochen lassen. Dann beiseite stellen und abkühlen lassen. Die Himbeeren verlesen, zerdrücken, mit dem Zitronensaft sowie dem Zuckersirup mischen und in ein flaches Gefäß gießen. Die Zubereitung für etwa 4 Stunden in den Gefrierschrank stellen und alle 20 bis 30 Minuten mit einer Gabel kräftig durchrühren.

▸ *Dieses Dessert ist reich an Vitamin C.*

PISTAZIEN-GRANITÉ
Den Zucker mit 50 ml Wasser zum Kochen bringen und 3 Minuten sprudelnd kochen lassen. Dann beiseite stellen und abkühlen lassen. Die Marzipanrohmasse mit dem Zuckersirup glatt rühren. Die Pistazien fein hacken und mit der Masse mischen. Nach Belieben mit etwas Speisemittelfarbe färben. Alles in ein flaches Gefäß füllen, für etwa 4 Stunden in den Gefrierschrank stellen und alle 15 bis 20 Minuten mit einer Gabel kräftig durchrühren.

▸ *Dieses Dessert ist reich an Vitamin E.*

ZITRONEN-GRANITÉ
Den Zucker mit 75 ml Wasser zum Kochen bringen und 5 Minuten sprudelnd kochen lassen. Dann beiseite stellen und abkühlen lassen. Den Zuckersirup mit dem Zitronensaft und nach Belieben mit der Speisemittelfarbe verrühren und in ein flaches Gefäß gießen. Die Zubereitung für etwa 4 Stunden in den Gefrierschrank stellen und alle 15 bis 20 Minuten mit einer Gabel kräftig durchrühren.

▸ *Dieses Dessert ist reich an Vitamin C.*

Zitronen enthalten viel Vitamin C, aber auch Kalium und Magnesium. Bei Halsschmerzen und Erkältungen hat sich die „Heiße Zitrone“ bewährt, ein Getränk aus Zitronensaft, Honig und heißem Wasser.

Erdbeeren auf Mandeln

Für 8 Stück

180 g Mandeln
Butter für die Form
3 Eier (Gew.-Kl. M)
80 g Zucker
1 TL Mehl
1 Prise Backpulver
etwas abgeriebene Schale einer unbehandelten Zitrone

125 ml süße Sahne
1 Päckchen Vanillezucker
500 g Erdbeeren
1 Päckchen roter Tortenguss
2 EL Zucker
2 cl Campari
2 EL ungesalzene, grob gehackte Pistazien

Zubereitungszeit:
30–35 Minuten
Backzeit:
25–30 Minuten
Schwierigkeitsgrad:
1 von 3
Pro Stück etwa 311 kcal/ 1301 kJ, 8 g EW, 21 g F, 22 g KH, 4,9 g B.

Die Mandeln für einige Sekunden in wenig Wasser kochen, abschütten und aus der dunklen Haut drücken. Die geschälten Mandeln trocknen und fein mahlen. Eine Obstkuchenform (Durchmesser etwa 28 Zentimeter) gut mit weicher Butter einfetten und mit etwas gemahlenen Mandeln ausstreuen. Die Form anschließend kühl stellen.
Den Backofen auf 180 °C (Gas Stufe 2, Umluft 160 °C) vorheizen. Die Eier trennen. Die Eigelbe mit dem Zucker sehr schaumig rühren, die restlichen gemahlenen Mandeln, das Mehl und das Backpulver sowie die Zitronenschale hinzufügen und alle Zutaten vermengen. Die Eiweiße steif schlagen. Zunächst die Hälfte mit der Mandelmasse verrühren. Dann das restliche Eiweiß vorsichtig unterheben und die Masse in die Form gießen. Auf der mittleren Schiene des Backofens 25 bis 30 Minuten goldgelb backen, 10 Minuten in der Form abkühlen lassen, dann auf eine Tortenplatte stürzen und auskühlen lassen.
Die Sahne mit dem Vanillezucker steif schlagen. Die Erdbeeren, putzen, waschen und gut abtropfen lassen. Den Tortenboden mit der Sahne bestreichen und mit den Erdbeeren belegen. Den Tortenguss nach Packungsaufschrift mit Wasser, Zucker und Campari zubereiten und über die Erdbeeren löffeln. Den Tortenrand ebenfalls mit etwas Tortenguss bestreichen und mit den Pistazien bestreuen.

▸ *Dieses Dessert ist reich an den Vitaminen E, C, K, D, B_{12} und dem Mineralstoff Magnesium.*

Erdbeeren wurden im 14. und 15. Jahrhundert vor allem in Frankreich und England kultiviert. Sie betören durch ihre leuchtende Farbe, den himmlischen Geruch und den unnachahmlichen Geschmack.
Die Früchte enthalten Vitamin C sowie die Mineralstoffe Kalium und Eisen. Menschen, die die Fruchtsäure der Erdbeeren nicht vertragen, sollten diese Früchte zusammen mit Getreide (Müsli, Vollkornbrot) und Honig verzehren. Am besten schmecken Erdbeeren aber frisch geerntet mit etwas Zucker und ein wenig Schlagsahne.

Apfel-Birnen-Kuchen

Für 12 Stücke

220 g Mehl
80 g kaltes Pflanzenfett
40 g kalte Butter
1 Prise Salz
3–4 EL Eiswasser aus Eiswürfeln
Butter für die Form

500 g Äpfel (z. B. Cox Orange)
500 g Birnen (z. B. Williams Christ)
250 g saure Sahne (mindestens 20 % Fett)
3 Eigelb
3 EL Honig
etwas abgeriebene Schale einer unbehandelten Zitrone
75 g Walnusskerne
3 EL Preiselbeerkompott
2 EL Mandelblättchen
1 Eiweiß
4 EL Puderzucker

Zubereitungszeit: *30–35 Minuten*
Backzeit: *30–35 Minuten*
Schwierigkeitsgrad: *2 von 3*
Pro Stück etwa 284 kcal/ 1191 kJ, 4 g EW, 15 g F, 33 g KH, 3,4 g B.

Das Mehl mit dem Pflanzenfett, der Butter, dem Salz und dem Eiswasser zu einem geschmeidigen Teig verkneten. Zu einer Kugel formen, in Frischhaltefolie wickeln und 3 Stunden kühl stellen. Eine Springform (Durchmesser etwa 26 Zentimeter) mit Butter einfetten und den ausgerollten Teig hineinlegen, dabei einen etwa 2 Zentimeter hohen Rand formen. Den Backofen auf 200 °C (Gas Stufe 3, Umluft 180 °C) vorheizen.
Die Äpfel und Birnen schälen, vierteln und entkernen, dann in Spalten schneiden. Die Fruchtspalten auf den Teig legen. Die saure Sahne mit den Eigelben und dem Honig sowie der abgeriebenen Zitronenschale verrühren. Sechs Walnusskerne grob hacken, den Rest mahlen und mit der Sahnecreme verrühren. Diese Mischung über die Früchte gießen. Das Preiselbeerkompott zwischen die Leerräume löffeln. Die restlichen Walnüsse darüber streuen.
Die Mandelblättchen in einer trockenen Pfanne goldgelb rösten. Das Eiweiß mit dem gesiebten Puderzucker steif schlagen. Die Mandelblättchen unterheben.
Den Kuchen auf der mittleren Schiene 30 bis 35 Minuten backen. Kurz vor Backende den Eischnee in anmutigen Tupfen auf den Tortenrand setzen oder spritzen und in 2 bis 3 Minuten goldgelb backen.

▸ *Dieser Kuchen ist reich an den Vitaminen E und K.*

Schmeckt die Suppe sauer oder wölbt sich der Deckel auf der Marmelade, dann machen wir eine krause Nase. Aber wenn Milch sauer wird, dann freuen wir uns über ein neues, sehr bekömmliches Nahrungsmittel. Früher, als die Milch noch nicht wärmebehandelt wurde, gossen die Frauen am Abend die letzte Milch in Suppenteller und nach rund 24 Stunden hatte man herrlich schmeckende Dickmilch. Saure Sahne, Crème fraîche oder Crème double (Fettstufen von 10 bis über 30 Prozent) ist frische Sahne, die mit Milchsäurebakterien versetzt wurde. Sie eignen sich zum Kochen und Backen gleichermaßen gut.

Gewürz-Früchtekuchen

Für 20 Stücke

200 g ungeschwefelte Sultaninen
4 cl Rum
100 g kandierte Ananas
100 g getrocknete Feigen
100 g Datteln
100 g getrocknete Kirschen (aus dem Reformhaus) oder 1 Glas rote Cocktailkirschen
100 g Zitronat
100 g Orangeat
50 g kandierter Ingwer
100 g Haselnusskerne
100 g Walnusskerne
100 g ganze, geschälte Mandeln
2 Eier (Gew.-Kl. L)
100 g Rohrzucker
2 EL Rübensirup
100 g schwarzes Johannisbeergelee
75 g weiche Butter
1 EL Lebkuchenwürz
½ TL gemahlener Zimt
250 g Weizenvollkornmehl
2 Msp. Pottasche

Zubereitungszeit:
30–35 Minuten
Backzeit:
etwa 1 Std. 30 Minuten
Schwierigkeitsgrad:
1 von 3
Pro Portion etwa 319 kcal/ 1337 kJ, 5 g EW, 11 g F, 47 g KH, 4,2 g B.

Die Sultaninen in einer großen Schüssel mit dem Rum beträufeln. Die Ananas, die Feigen und die entkernten Datteln etwas klein schneiden. Die getrockneten Kirschen mit etwas warmem Wasser beträufeln, Cocktailkirschen abgießen. Die Kirschen mit Ananas, Feigen, Datteln, Zitronat, Orangeat und dem klein gewürfelten Ingwer über die Sultaninen streuen. Die ganzen Nusskerne und Mandeln dazugeben.
Den Backofen nun auf 180 °C (Gas Stufe 2, Umluft 160 °C) vorheizen.
Die Eier mit dem Rohrzucker und dem Rübensirup schaumig rühren. Das Gelee sowie die weiche Butter einarbeiten. Mit dem Lebkuchengewürz und dem Zimt mischen. Zum Schluss das Mehl mit der Pottasche dazugeben und alle Zutaten vermengen. Die Früchte mit dem Teig mischen. Eine Kastenform (Länge etwa 30 Zentimeter) mit eingefetteter Alufolie auskleiden oder ein Backblech mit Backpapier auslegen. Den Teig entweder in die Form drücken oder zu einem runden Laib formen. Die Teigoberfläche mit Wasser glatt streichen und den Kuchen auf der zweite Schiene von unten etwa 1 Stunde und 30 Minuten backen. Den abgekühlten Kuchen in Alufolie wickeln und vor dem ersten Anschnitt mindestens 3 Tage ruhen lassen.

▸ *Dieses Gebäck ist reich an den Vitaminen E und K und dem Mineralstoff Kalium.*

Sie verwenden nur Salz, Pfeffer und Paprikapulver in Ihrer Küche? Schauen Sie sich um, kaufen Sie Anis, Currypulver, Fenchelsamen, Kardamom, Koriander, Kreuzkümmel (köstlich!), Kümmel, Muskatnuss, verschiedene Paprika- und Chilipulver, Pfefferkörner, Piment, Safranfäden, Senfkörner, Sternanis, Vanilleschoten, Wacholderbeeren und Zimt(rinde).
Gemahlene Gewürze lassen sich leichter dosieren, aber alle Gewürze schmecken intensiver, wenn sie erst kurz vor dem Gebrauch im Mörser zerkleinert werden.
Gewürze regen den Appetit und den Stoffwechsel an – und sie machen die Speisen bekömmlich.

Riesen-Nussecken

Für 16 Stück

125 g Mehl Type 405
125 g Grünkernmehl
½ TL Weinsteinbackpulver
1 Ei (Gew.-Kl. M)
300 g Butter
230 g Rohrzucker
etwas abgeriebene Schale einer unbehandelten Zitrone
1 Prise Salz

180 g Ingwerkonfitüre
3 EL Orangensaft
125 g ungesalzene Pistazien
100 g ungesalzene Cashewkerne
100 g gehackte Mandeln
30 g weiße Kuvertüre
30 g dunkle Kuvertüre

Zubereitungszeit:
30–35 Minuten
Backzeit: *25–30 Minuten*
Schwierigkeitsgrad:
2 von 3
Pro Portion etwa 423kcal/ 1769 kJ, 6 g EW, 28 g F, 38 g KH, 2,9 g B.

Variation:
Für den Belag können Sie auch eine andere Mischung verwenden, beispielsweise Haselnüsse, Walnüsse und Mandeln oder Sonnenblumenkerne, Kürbiskerne und Erdnüsse.

Die beiden Mehlsorten mit dem Backpulver mischen. Das Ei, die Hälfte der Butter, 80 Gramm Rohrzucker, die Zitronenschale und Salz hinzufügen und alle Zutaten zu einem geschmeidigen Teig verkneten. Ein Backblech mit Backpapier auslegen. Aus Alufolie einen festen Streifen herstellen und damit das Backblech zu einem Quadrat verkleinern. Den Teig zwischen Frischhaltefolie ausrollen und aufs Backblech setzen. Das Blech kühl stellen. Die Konfitüre auf den Teig streichen. Die restliche Butter mit dem restlichen Rohrzucker und dem Orangensaft bei milder Hitze schmelzen, bis sich der Zucker aufgelöst hat. Die ganzen Pistazien, die grob zerkleinerten Cashewkerne und die gehackten Mandeln einrühren. Die Masse abkühlen, aber nicht fest werden lassen. Den Backofen auf 190 °C (Gas Stufe 2–3, Umluft 170 °C) vorheizen. Die abgekühlte Nussmasse auf den Teig streichen und auf der zweiten Schiene von unten 25 bis 30 Minuten backen. Den Kuchen 15 Minuten abkühlen lassen, dann diagonal ein Mal durchschneiden. Die beiden Kuvertüresorten zerkleinern und getrennt bei milder Hitze verflüssigen. Aus Butterbrotpapier 2 Tüten mit spitzen Enden drehen, die halbflüssigen Kuvertüren einfüllen und die Spitzen knapp wegschneiden. Die Tüten nacheinander mit Schwung über die Nussecken bewegen und so mit langen, dünnen Kuvertürefäden verzieren.

▸ *Dieses Gebäck ist reich an den Vitaminen K und E.*

Frischer Ingwer ist ein herrliches Gewürz. Er schmeckt nicht nur in Süßspeisen, fast alle Gerichte aus der asiatischen Küche, ob mit Gemüse, Fleisch oder Fisch zubereitet, erhalten durch frisch geriebenen oder gehackten Ingwer das gewisse Etwas. Wenn Ihnen der Geschmack noch fremd ist, gehen Sie sparsam damit um. Nicht ganz so intensiv exotisch, aber kaum weniger köstlich schmecken kandierte Ingwerstücke oder Ingwerkonfitüre. Ingwer bekämpft Übelkeit, auch während der Schwangerschaft, und soll das Blut flüssiger machen.

Der Tag neigt sich dem Ende zu. Die Arbeit ist getan. Unser Körper verlangt jetzt nach einer leichten Kost, die uns gelassen stimmt und am Ende des Tages ruhig schlafen lässt. So können wir dann nach einer Nacht voller schöner Träume erholt und voller Tatendrang dem folgenden Tag fröhlich ins Antlitz blinzeln.

Fit und unbeschwert in den Abend

Gemischter Salat mit geschmorten Zucchini

Für das Dressing:
1 Knoblauchzehe
3 EL Zitronensaft
3 EL Orangensaft
1 TL Dijonsenf
1 TL Honig
100 g Dickmilch
1 EL Weizenkeimöl
Jodsalz
Pfeffer aus der Mühle

½ Kopf römischer Salat
3 rote Tomaten
3 gelbe Tomaten
1 Bund Rucola
1 Bund Frühlingszwiebeln
1 gelbe Paprikaschote
300 g Zucchini
200 g Putenschnitzel
2 EL kaltgepresstes Olivenöl
1 TL frische Rosmarinnadeln
1 EL frische Thymianblättchen
50 g Feta

Zubereitungszeit:
30–35 Minuten
Schwierigkeitsgrad:
1 von 3
Pro Portion etwa 245 kcal/ 1028 kJ, 19 g EW, 12 g F, 14 g KH, 5,1 g B.

Für das Dressing den Knoblauch abziehen und hacken. Die beiden Säfte mit dem Senf, dem Knoblauch, dem Honig, der Dickmilch und dem Öl cremig rühren. Dann mit Salz und Pfeffer pikant abschmecken.
Den Blattsalat, die Tomaten und den Rucola waschen. Die Salatblätter klein zupfen und auf 4 Tellern anrichten. Die Stielansätze der Tomaten wegschneiden, die Früchte achteln. Den Rucola von den Stielen zupfen. Die Frühlingszwiebeln und die Paprikaschote putzen, waschen und klein schneiden. Alles auf dem Salat anrichten.
Die Zucchini putzen, waschen und schräg in etwa 3 Millimeter dicke Scheiben schneiden. Das Fleisch waschen und in dünne Streifen schneiden. Das Öl in eine weite Pfanne gießen, die Kräuterblätter hineinzupfen und die Zucchinischeiben darin auf beiden Seiten goldgelb braten. Auf den Salattellern verteilen. Die Putenfleischstreifen in der Pfanne 1 Minute kräftig braten, ebenfalls auf den Tellern verteilen und mit zerbröckeltem Feta bestreuen. Zum Schluss das Dressing über den Salat gießen.

▸ *Dieser Salat ist reich an den Vitaminen K, C, E, A, Folsäure, Niacin, B_6 und dem Mineralstoff Kalium.*

Die milden Zucchini gehören zur Familie der Kürbisse. Vor rund 30 Jahren galten sie noch als Exoten, heute gedeihen sie in unseren Gärten und sogar auf dem Balkon. Kleinere Exemplare sind den größeren vorzuziehen. Am häufigsten werden bei uns die länglichen, dunkelgrünen, leicht gesprenkelten Früchte angeboten. Zucchini findet man aber auch in Weiß, Cremefarben und Gelb, rund oder länglich. Wer das Besondere liebt, kauft Baby-Zucchini mit Blüten zum Füllen und Frittieren. Oder dekoriert mit den edlen Blüten feine Salate. Zucchini werden immer mit Schale verzehrt. Bei sehr großen Exemplaren sollen die Kerne entfernt werden, diese eignen sich auch am besten zum Füllen.
Zucchini enthalten Vitamin C und Pro-Vitamin A (Carotin) sowie Kalium und Eisen.

Salat-Allerlei mit Käsesauce

8 dicke grüne Spargelstangen
Jodsalz
100 g Zuckerschoten
100 g dünne grüne Bohnen
1 Kohlrabi
1 Bund Möhren
1 Fenchelknolle
1 Bund Frühlingszwiebeln
8 Stangen Staudensellerie
1 gelbe Paprikaschote
200 g kleine, feste Champignons
4 EL Kürbiskernsprossen (siehe Seite 26)
1 Kästchen Kresse
1 rote Chilischote
1 grüne Chilischote

2 Knoblauchzehen
5 Sardellenfilets
2 EL Butter
200 ml süße Sahne
150 g geriebener Emmentaler
Pfeffer aus der Mühle
1 Prise Kreuzkümmel

Zubereitungszeit:
30–35 Minuten
Schwierigkeitsgrad:
1 von 3
Pro Portion etwa 497 kcal/ 2079 kJ, 25 g EW, 32 g F, 26 g KH, 19,8 g B.

Die holzigen Enden der Spargelstangen abbrechen, das untere Drittel schälen. Die Stangen in wenig Salzwasser 3 Minuten garen, abgießen und auf eine große Platte legen. Die Zuckerschoten und die grünen Bohnen putzen, waschen und getrennt in wenig Salzwasser die Schoten 5 Minuten und die Bohnen 15 Minuten garen, abgießen und abtropfen lassen. Den Kohlrabi, die Möhren und die Fenchelknolle schälen und waschen. Den Kohlrabi in dicke Stifte, zartes Blattgrün in Streifen schneiden. Die Fenchelknolle in dünne Scheiben schneiden, zartes Grün klein schneiden. Kleine Möhren ganz lassen, dickere Exemplare der Länge nach halbieren oder vierteln.

Die Frühlingszwiebeln putzen, den dunkelgrünen Teil wegschneiden. Die Selleriestangen dünn schälen, zartes Grün klein schneiden. Die Paprikaschote putzen, waschen und längs in dünne Streifen schneiden. Die Champignons mit einem feuchten Tuch abreiben, die Füße kürzen. Das Gemüse dekorativ zum Spargel legen.

Die Kürbiskernsprossen abbrausen, die Kresse waschen und abschneiden, die gewaschenen Chilischoten ohne Kerne sehr fein würfeln. Kürbiskernsprossen, Kresse mit Gemüsegrün und Chiliwürfel jeweils in einem kleinen Schälchen anrichten.

Den Knoblauch abziehen und durch die Presse drücken, die Sardellenfilets kalt abspülen und fein hacken. Beides in der Butter 1 Minute schmoren. Die Sahne dazugießen und 2 Minuten köcheln lassen, dann vom Herd ziehen und den Käse darin schmelzen lassen. Die Käsesauce mit Pfeffer und Kreuzkümmel würzen und mit gebuttertem Vollkornbrot zur Salatplatte reichen.

▸ *Diese Rohkost ist reich an den Vitaminen K, A, C, Folsäure, E, Pantothensäure, D, B_2 und den Mineralstoffen Kalium, Calcium, Eisen, Zink und Jod.*

Kresse ist ein frisch-herbes Kraut, das sich jeder schnell selber ziehen kann. Die kleinen grünen Blättchen enthalten viel Vitamin C, D, Carotin, B-Vitamine sowie Kalium, Calcium und Eisen. Ein Vollkornbrot, mit Butter bestrichen und mit reichlich Kresse bestreut, ist ein gesunder Hochgenuss.

Kartoffelsalat mit Jogurtbällchen

450 g stichfester Jogurt
1,25 kg neue fest kochende Kartoffeln oder Frühkartoffeln
Jodsalz
1 Bund Frühlingszwiebeln

6 EL Zitronensaft
2 EL Orangensaft
8 EL Leinöl
1 frisches Eigelb
Pfeffer aus der Mühle
½ Tasse Leinsamensprossen (siehe Seite 26)

½ Tasse gemischte gehackte Kräuter
1 Bund Radieschen

Zubereitungszeit:
40–45 Minuten
***Ruhezeit:** 30 Minuten*
Schwierigkeitsgrad:
1 von 3
Pro Portion etwa 488 kcal/ 2037 kJ, 11 g EW, 26 g F, 49 g KH, 7,2 g B.

Variation:
Die Jogurtbällchen schmecken kräftiger, wenn Sie dafür Schafsmilch- oder Ziegenmilchjogurt verwenden, den Sie z. B. in griechischen Lebensmittelgeschäften erhalten.

Ein großes Sieb mit einem Küchentuch ausschlagen und den Jogurt hineingleiten lassen. Am besten über Nacht im Kühlschrank abtropfen lassen.
Die Kartoffeln gründlich abbürsten und in wenig Salzwasser in 20 bis 25 Minuten garen. Die Kartoffeln abschütten und pellen, Frühkartoffeln können mit der Schale verzehrt werden. Die Kartoffeln in dünne Scheiben schneiden.
Die Frühlingszwiebeln putzen, klein schneiden und mit den Kartoffeln locker vermengen.
Den Zitronensaft mit dem Orangensaft, dem Leinöl und dem Eigelb cremig rühren. Anschließend mit Salz und Pfeffer würzen. Das Dressing mit den lauwarmen Kartoffelscheiben mischen.
Die Leinsamensprossen kalt abspülen und über den Salat streuen. Den Salat etwa 30 Minuten bei Zimmertemperatur ziehen lassen, dann noch einmal mischen, mit Salz und Pfeffer abschmecken und auf einer Platte anrichten.
Von der abgetropften Jogurtmasse mit einem Esslöffel kleine Bällchen abstechen, um den Kartoffelsalat legen und mit Salz, Pfeffer und den Kräutern bestreuen.
Das Radieschengrün bis auf ein kleines zartes Blättchen entfernen, ebenso die Wurzeln. Die Radieschen waschen und zwischen die Jogurtbällchen legen.

▸ *Dieser Salat ist reich an den Vitaminen K, C, B_6, Folsäure und dem Mineralstoff Kalium.*

Verwenden Sie für Salate und die warme Küche am besten hochwertige Pflanzenöle mit ungesättigten Fettsäuren. Pflanzliche Öle enthalten Vitamin E, das vor Oxidation schützt. Den höchsten Gehalt weist das kostbare Weizenkeimöl auf, gefolgt von Sonnenblumenöl, Walnussöl, Sojaöl, Distelöl, Olivenöl, (Mais-)Keimöl und Rapsöl.

Pellkartoffeln mit gefülltem Gemüse

Für 6 Personen

1 gelbe Paprikaschote
1 grüne Paprikaschote
2 große Fleischtomaten
1 große Salatgurke

300 g Rahmfrischkäse
300 g Magerquark
250 g fettarmer Jogurt
Jodsalz
Pfeffer aus der Mühle
1 Apfel
1 kleine Zwiebel
4 Radieschen
4 EL Radieschensprossen (siehe Seite 26)
Cayennepfeffer
½ Bund Kerbel
1 Tasse gemischte gehackte Kräuter
2 EL Haselnüsse
3 EL frisch geriebener Meerrettich
1 TL Zitronensaft
einige Tropfen Worcestershiresauce
2 doppelte Matjesfilets
2 Frühlingszwiebeln
1 Gewürzgurke
4 Stängel Dill

3 kg fest kochende Kartoffeln

Zubereitungszeit:
1 Std. 15 Minuten
Schwierigkeitsgrad:
1 von 3
Pro Portion etwa 587 kcal/ 2454 kJ, 33 g EW, 24 g F, 57 g KH, 11,4 g B.

Das Gemüse waschen. Von den beiden Paprikaschoten und den Tomaten jeweils einen Deckel abschneiden, Kerne entfernen, die Tomaten aushöhlen. Die Gurke waschen und längs einen Deckel abschneiden, den größeren Teil aushöhlen.
Den Frischkäse mit dem Quark und dem Jogurt glatt rühren, mit Salz und Pfeffer würzen. Diese Zubereitung auf 3 Schälchen verteilen. Den Apfel waschen, vierteln und entkernen. Zwei Apfelviertel sehr fein würfeln, ebenso die beiden Paprikadeckel und die Hälfte des Gurkendeckels. Die Zwiebel abziehen und fein würfeln, die Radieschen putzen und raspeln. Die Sprossen kalt abspülen. Alles mit einem Teil des Frischkäses verrühren und mit Cayennepfeffer abschmecken. Diese Zubereitung in die gelbe Paprikaschote füllen und mit Kerbel garnieren.
Die zweite Portion Frischkäse mit den Kräutern mischen. Die Tomatendeckel fein würfeln und hinzufügen. Die Haselnüsse rösten und grob hacken, die Hälfte mit der Creme mischen, in die Tomaten füllen und mit den restlichen Haselnüssen bestreuen.
Das dritte Apfelviertel fein würfeln und mit dem Meerrettich, dem Zitronensaft und etwas Worcestershiresauce in die dritte Portion Frischkäse rühren und in die grüne Paprikaschote füllen.
Die Matjesfilets, die geputzten Frühlingszwiebeln, das vierte Apfelviertel, die Gewürzgurke, den Rest des Gurkendeckels und einigen Dillspitzen fein hacken und miteinander mischen, dann in die ausgehöhlte Gurke füllen und mit dem restlichen Dill garnieren.
Die Kartoffeln waschen und in Salzwasser 25 bis 30 Minuten garen, abschütten und mit den Beilagen, Butterröllchen und einer großen Schüssel mit gemischten Blattsalaten anrichten.

▸ *Dieses Gericht ist reich an den Vitaminen D, C, B_{12}, K, B_6, Folsäure, Pantothensäure und den Mineralstoffen Kalium, Phosphor und Magnesium.*

Hühnersuppe mit Eierblumen

Für 2 Personen

1 EL Mu-Err-Pilze
4 getrocknete Shiitakepilze
2 Hähnchenkeulen
Jodsalz
Pfeffer aus der Mühle
1 Bund Suppengrün
1 Knoblauchzehe
2 Frühlingszwiebeln
1 Stück frischer Ingwer
½ Tasse TK-Erbsen
50 g Mungbohnensprossen (siehe Seite 26)
1 Tomate
einige Safranfäden
Currypulver
Kreuzkümmel
Sojasauce
1 Ei (Gew.-Kl. L)
2 Stängel Koriandergrün

Zubereitungszeit:
40–45 Minuten
Schwierigkeitsgrad:
1 von 3
Pro Portion etwa 469 kcal/ 1959 kJ, 46 g EW, 26 g F, 11 g KH, 8,4 g B.

Tipp:
Wenn Sie kein Fleisch mögen, dann kochen Sie das Gemüse und die Pilze in einer Gemüsebrühe.

Die getrockneten Pilze getrennt in jeweils einem Schälchen mit ⅛ Liter lauwarmem Wasser übergießen und etwa 15 Minuten quellen lassen.
Die Hähnchenkeulen abspülen und mit ¼ Liter Salzwasser mit etwas Pfeffer zum Kochen bringen. Den aufsteigenden Schaum jeweils abschöpfen. Das Suppengrün waschen, putzen und fein würfeln, ebenso die abgezogene Knoblauchzehe und die geputzten Frühlingszwiebeln. Das Gemüse nach 20 Minuten zu den Keulen geben. Den Ingwer schälen und in die Suppe reiben, die Erbsen und die abgespülten Sprossen hinzufügen, ebenso die klein geschnittenen Pilze mit dem Einweichwasser. Das Ganze weitere 10 Minuten garen.
Die Tomate waschen, den Stielansatz entfernen und die Frucht in Streifen schneiden. Die Keulen aus der Brühe nehmen und das Fleisch würfeln. Zusammen mit den Tomatenstreifen und den Safranfäden wieder in den Topf geben und die Suppe mit Salz, Pfeffer, Curry, Kreuzkümmel und etwas Sojasauce pikant abschmecken.
Das Ei mit etwas Salz und Curry würzen, mit einigen Tropfen Wasser verquirlen, dann durch ein engmaschiges Sieb in die heiße Suppe laufen lassen. Vor dem Anrichten mit etwas Koriandergrün bestreuen.

▸ *Diese Suppe ist reich an den Vitaminen K, A, Niacin, B_6, C, Pantothensäure, B_{12} und den Mineralstoffen Kalium, Eisen, Phosphor und Zink.*

Am fünften Schöpfungstag schuf Gott das Federvieh und am sechsten Tag Adam und Eva. Es ist also müßig darüber zu diskutieren, ob nun das Ei oder das Huhn zuerst da war. Geflügel gehört seit jeher zur Ernährung des Menschen. Allerdings sollte es – wie überhaupt jedes Fleisch – aus artgerechter Aufzucht stammen. Hähnchen- und Putenfleisch sind fettarm und preiswert. Sie enthalten B-Vitamine, Eisen, Kalium und Phosphor.

Grünkohlsuppe mit Maronen

400 g Maronen (Esskastanien)
300 g TK-Grünkohl
1 Liter Geflügelbrühe
3 Orangen
Jodsalz
Pfeffer aus der Mühle
1 Prise Zucker
1–2 TL Dijonsenf
400 g Kasseler
100 ml süße Sahne

Zubereitungszeit:
40–55 Minuten
Schwierigkeitsgrad:
1 von 3
Pro Portion etwa 531 kcal/ 2230 kJ, 30 g EW, 21 g F, 54 g KH, 15,9 g B.

Tipp:
Keine Zeit, um die Maronen zu backen und zu schälen? Im Fachhandel finden Sie bereits geschälte und gegarte Maronen vakuumverpackt.

Die Maronen am spitzen Ende kreuzweise einritzen und im Backofen etwa 30 Minuten backen, bis die Schalen aufplatzen. Inzwischen den Grünkohl auftauen und in der Brühe bei mittlerer Temperatur 30 Minuten köcheln lassen. Die Orangen wie einen Apfel schälen und die Filets lösen, die Fruchtstände über dem Grünkohl ausdrücken. Die Suppe mit Salz, Pfeffer, Zucker und Senf pikant abschmecken.
Die Maronen schälen. Das Kasseler in kleine Würfel schneiden. Beides zusammen mit den Orangen zur Suppe geben und weitere 10 Minuten köcheln lassen. Zum Schluss mit der leicht angeschlagenen Sahne verfeinern.

▸ *Diese Suppe ist reich an den Vitaminen K, C, A, E, Folsäure, B_6, B_2, B_{12} und den Mineralstoffen Kalium, Calcium, Eisen und Zink.*

Maronen oder Esskastanien sind im Herbst und Winter bei uns erhältlich. Vor dem Genuss müssen sie kreuzweise eingeritzt und im heißen Backofen so lange geröstet werden, bis die Schale aufplatzt. Dann wird sowohl die harte Schale als auch die raue Haut entfernt. Nun können Sie die heißen Maronen zu einem Glas Wein reichen oder mit etwas Butter, luftgetrocknetem Schinken, frischem Brot und Apfelschnitzen als Abendmahlzeit anrichten. Sie können die geschälten Maronen auch in Milch kochen, eventuell pürieren und mit etwas Schlagsahne, Orange- und Grapefruitfilets als Dessert servieren. Esskastanien sind sehr stärkehaltig, außerdem sind sie reich an B-Vitaminen, Vitamin E sowie Kalium, Eisen und Mangan.

Buttermilch-Tomaten-Terrine mit Kräutern

3 Blatt weiße Gelatine
4 Blatt rote Gelatine
¼ Liter Buttermilch
Jodsalz
Cayennepfeffer
Zitronensaft
1 TL geriebener Meerrettich
4 EL gehackte Brunnenkresse
70 ml steif geschlagene süße Sahne

500 g reife Tomaten
2 Zwiebeln
1 Knoblauchzehe
1 EL kaltgepresstes Olivenöl
2 Stängel Thymian
1 Prise Zucker
1 TL Tomatenmark

200 g gemischte Kräuter, z. B. Kresse, Schnittlauch, Kerbel, Sauerampfer, Pimpernelle, Petersilie und Borretsch
250 g Jogurt
1 TL Dijonsenf
1 Apfel
1 Gewürzgurke
1 hart gekochtes Ei

Zubereitungszeit:
50–55 Minuten
Kühlzeit:
4–5 Stunden
Schwierigkeitsgrad:
2 von 3
Pro Portion etwa 247 kcal/ 1035 kJ, 13 g EW, 13 g F, 18 g KH, 5,1 g B.

Die Gelatine getrennt in reichlich kaltem Wasser 10 Minuten einweichen. Die weiße Gelatine gut ausdrücken und bei milder Hitze verflüssigen, dann schnell mit der zimmerwarmen Buttermilch verrühren. Mit Salz, Cayennepfeffer, Zitronensaft und Meerrettich kräftig abschmecken. Die Brunnenkresse einrühren, die Sahne unterheben.
Eine Ringform, eine Kastenform (Inhalt etwa 1 Liter) oder 4 kleine Förmchen mit kaltem Wasser ausspülen und die weiße Masse einfüllen.
Die Tomaten waschen und würfeln. Die Zwiebeln und den Knoblauch abziehen und klein schneiden. Das Öl erhitzen und beides darin kurz anschwitzen. Den Thymian und die Tomaten hinzufügen und 10 Minuten köcheln lassen, dann durch ein feines Sieb streichen. Die rote Gelatine gut ausdrücken und in der warmen Tomatenzubereitung auflösen. Dann mit Salz, Cayennepfeffer, Zitronensaft, Zucker und Tomatenmark abschmecken. Die Masse abkühlen, aber nicht gelieren lassen, dann auf die Buttermilchcreme geben und im Kühlschrank in 4 bis 5 Stunden fest werden lassen. Die Kräuter verlesen, waschen und fein hacken. Mit dem Jogurt und dem Senf verrühren, mit Salz, Cayennepfeffer und Zitronensaft abschmecken.
Den Apfel, die Gewürzgurke und das gepellte Ei fein würfeln und mit dem Jogurt verrühren.
Das Gelee auf Teller oder eine Platte stürzen und die Sauce dazugießen. Dazu passen kernige Vollkornbrötchen.

▸ *Dieses Gericht ist reich an den Vitaminen K, C, A, Folsäure, B_2 und den Mineralstoffen Kalium und Calcium.*

Heute finden Sie viele feine Küchenkräuter einzeln oder gebündelt in den Geschäften und auf den Wochenmärkten. Greifen Sie also zu Basilikum, Salbei, Thymian und Majoran. Halten Sie aber auch Ausschau nach Kresse, Brunnenkresse, Bohnenkraut, nach Kerbel, Pimpernelle, Zitronenmelisse und Borretsch. Oder legen Sie sich einen Kräutergarten an, das geht sogar am Fensterbrett. Die Blüten der Kräuter kann man übrigens auch essen: Sie machen sich besonders dekorativ auf Salaten und in Cremesuppen.

Avocado mit Kürbissprossen

2 reife Avocados
2 EL Zitronensaft
1 Tasse Kürbiskern-sprossen (siehe Seite 26)
1 Bund Rucola
125 g Quark (10 % Fett)
1 Stange Staudensellerie
1 rote Chilischote
1 große Knoblauchzehe
1 Limette
Jodsalz
Pfeffer aus der Mühle
2–3 EL fettarmer Jogurt
1 gelbe Paprikaschote
65 g Bündner Fleisch
1 EL frische Majoran-blättchen
2 EL kaltgepresstes Olivenöl
150 g Vollkorn-Brotstangen

Zubereitungszeit:
40–45 Minuten
Schwierigkeitsgrad:
1 von 3
Pro Portion etwa 476 kcal/ 1991 kJ, 14 g EW, 34 g F, 27 g KH, 9,4 g B.

Die Avocados halbieren, die Kerne entfernen, die Höhlung um das Doppelte vergrößern und mit dem Zitronensaft beträufeln, damit das Fruchtfleisch sich nicht braun verfärbt. Die Kürbiskern-sprossen abbrausen und mit dem Avocadofleisch grob hacken. Den Rucola waschen und einige schöne Blätter für die Garnierung beiseite legen. Den Rest fein hacken und mit dem Quark und der Avocado-Sprossen-Mischung vermengen. Die Selleriestange dünn schälen und in hauchdünne Scheiben schneiden. Die Chilischote ohne Kerne fein würfeln. Den Knoblauch abziehen und fein würfeln. Sellerie, Chili und Knoblauch in die Creme rühren. Die Limette heiß waschen, trocknen und etwas Schale zur Creme reiben, die Frucht auspressen und die Avocadocreme damit würzen. Anschließend mit Salz und Pfeffer abschmecken und mit etwas Jogurt geschmeidig rühren. Die Avocadohälften damit füllen.
Die Paprikaschote halbieren, entkernen, waschen und in sehr dünne Streifen schneiden. Das Bündner Fleisch zu Rosetten formen.
Die gefüllten Avocados und das Fleisch auf 4 Tellern anrichten und mit den Paprikastreifen, Rucolablättern und Majoran garnieren. Etwas Öl darüber träufeln und mit den Brotstangen servieren.

▸ *Dieses Gericht ist reich an den Vitaminen K, C, B_6, A, E und dem Mineralstoff Kalium.*

Die Urheimat der Avocados liegt in Mittelamerika, den Namen gaben ihr die Azteken, nämlich Ahuacatl (= Butter des Waldes). Avocados enthalten bis zu 30 Prozent Fett, reichlich Vitamine der B-Gruppe, Vitamin E sowie Kalium, Magnesium und Eisen.
Avocados werden heute das ganze Jahr über bei uns angeboten. Sie werden unreif geerntet. Erst wenn sie auf Fingerdruck leicht nachgeben, sind sie vollreif und haben ihren arttypischen Geschmack entwickelt. Avocados lassen sich herrlich mit einem würzigen Shrimpscocktail oder Kräuterquark füllen und sind köstliche Zutat auf einer gemischten Rohkostplatte.

Gemüsepizza

300 g Brokkoli
200 g Stangenbohnen
200 g Zucchini
1 Tasse TK-Erbsen
Jodsalz
Muskatnuss

Für den Teig:
100 g Weizensprossen (siehe Seite 26)
250 g Weizenmehl Type 1050
30 g frische Hefe
1 TL Zucker
etwa 100 ml lauwarme Buttermilch
2 EL Walnussöl
½ TL getrockneter Oregano oder Rosmarin
6 klein gehackte Walnusskerne

750 g Tomaten
2 Zwiebeln
2 Knoblauchzehen
Pfeffer aus der Mühle
750 g Knoblauch-Crème fraîche
200 g Büffelmozzarella
20 g ungesalzene Pistazien
12 kleine Salbeiblätter
2 EL kaltgepresstes Olivenöl

Zubereitungszeit: *40–45 Minuten*
Backzeit: *30–35 Minuten*
Schwierigkeitsgrad: *2 von 3*
Pro Portion etwa 638 kcal/ 2670 kJ, 32 g EW, 28 g F, 62 g KH, 12,4 g B.

Den Brokkoli in kleine Röschen teilen und waschen. Die Bohnen putzen, waschen und klein schneiden. Die Zucchini putzen, waschen und in daumendicke Stifte schneiden. Das klein geschnittene Gemüse und die Erbsen in Salzwasser mit etwas frisch geriebener Muskatnuss 5 Minuten garen und abschütten. Für den Teig die Weizensprossen abbrausen und fein hacken, mit dem Mehl mischen. Mit einem Löffel eine Mulde in die Mischung drücken und die Hefe hineinbröckeln. Den Zucker und etwas lauwarmes Wasser hinzufügen. Die Hefe mit ein wenig Mehl vom Rand glatt rühren. Die Schüssel abdecken und für 10 Minuten beiseite stellen. Dann etwas lauwarme Buttermilch, das Öl, Salz, die Kräuter und die klein gehackten Nüsse hinzufügen und alles zu einem glatten Teig verkneten, eventuell noch etwas Buttermilch dazugießen. Den Backofen auf 200 °C (Gas Stufe 3, Umluft 180 °C) vorheizen. Ein Backblech mit Backpapier auslegen. Den Teig darauf zu einem dünnen Fladen ausrollen und etwa 15 Minuten ruhen lassen. Die Tomaten waschen, den Stielansatz entfernen, entkernen und das Fruchtfleisch klein würfeln.

Die Zwiebeln und den Knoblauch abziehen und fein hacken. Mit den Tomaten mischen und mit Salz und Pfeffer würzen.
Den Pizzaboden mit Crème fraîche bestreichen, das Gemüse in einem anmutigen Muster darüber legen, die Tomaten in die Zwischenräume füllen. Die Pizza mit dem grob gewürfelten Mozzarella, Pistazien und Salbeiblättern bestreuen und zum Schluss mit dem Öl beträufeln. Auf dem Backofenboden 30 bis 35 Minuten backen.

▸ *Diese Pizza ist reich an den Vitaminen K, Folsäure, C, B_1, B_2, A, B_6, Pantothensäure, Niacin und den Mineralstoffen Kalium, Eisen, Calcium und Zink.*

Fast alle Gemüsesorten können – und sollten öfters – auch roh verzehrt werden, aber grüne Bohnen müssen auf jeden Fall gekocht werden. Sie enthalten im ungegarten Zustand Stoffe, die für den menschlichen Organismus schädlich sind. Breite und schmale grüne Bohnen bringen den Darm in Schwung, sie sind reich an Kalium, Calcium, Eisen, Magnesium und Phosphor sowie dem Pro-Vitamin A und B-Vitaminen.

Pfannkuchen mit Pilzragout

2 Zwiebeln
1 Knoblauchzehe
1 EL Rapsöl
500 g gemischte Pilze (Champignons, Austernpilze, Pfifferlinge, Steinpilze, Maronenpilze)
100 g Crème double
4 EL gehackter Dill
4 EL gehackte Petersilie
Jodsalz
Pfeffer aus der Mühle
500 g Tomaten

150 g Mehl Type 1050
etwa ¼ Liter Milch
5 Eier (Gew.-Kl. M)
1 Prise Zucker
100 g gekochter Schinken
1 EL Butter
Keimöl zum Braten
50 g geraspelter Cheddar

Zubereitungszeit:
1 Std. 15 Minuten
***Backzeit:** 10–15 Minuten*
Schwierigkeitsgrad:
2 von 3
Pro Portion etwa 568 kcal/ 2378 kJ, 30 g EW, 34 g F, 35 g KH, 6 g B.

Die Zwiebeln und den Knoblauch abziehen und fein hacken. Das Rapsöl erhitzen und beides darin weich schmoren. Die Pilze mit einem feuchten Tuch abreiben, die Füße kürzen und je nach Größe klein schneiden oder ganz lassen. Die Pilze zu den Zwiebeln geben und 5 Minuten schmoren. Die Crème double und das Pilzragout cremig einkochen, dann mit Salz, Pfeffer und den Kräutern – bis auf einen kleinen Rest für die Garnierung – würzen. Die Tomaten waschen, halbieren und entkernen. Die Stielansätze wegschneiden und das Fruchtfleisch in schmale Streifen schneiden. Zwei Drittel der Tomatenstreifen mit dem Pilzragout mischen und abkühlen lassen. Das Mehl mit der Milch, den Eiern, etwas Salz und dem Zucker verrühren und 30 Minuten quellen lassen. Inzwischen den Schinken in sehr feine Streifen schneiden und in der Butter leicht bräunen, dann mit dem Teig verrühren. Den Backofen auf 200 °C (Gas Stufe 3, Umluft 180 °C) vorheizen. Eine längliche Auflaufform mit etwas Öl einfetten. Jeweils etwas Öl in einer Pfanne oder 2 Pfannen erhitzen und nacheinander 8 große Pfannkuchen backen. Jeden Pfannkuchen mit etwas Pilzragout füllen, aufrollen und in die Form legen. Wenn alle Pfannkuchen in der Form liegen, den Käse darüber streuen und das Gericht auf der mittlerer Stufe 10 bis 15 Minuten überbacken. Vor dem Anrichten mit den restlichen Tomatenstreifen und den Kräutern garnieren.

▸ *Dieses Gericht ist reich an den Vitaminen K, D, B_{12}, Pantothensäure, B_2, C und den Mineralstoffen Kalium, Phosphor, Eisen und Calcium.*

Die meisten der rund 10 000 bekannten Pilzarten wachsen nur wild und ein Großteil davon ist ungenießbar oder giftig. Es gibt aber auch Zuchtpilze wie Champignons, Egerlinge, Austernpilze und Shiitake-Pilze. Pilze sind kalorienarm, enthalten 1 bis 3 Gramm Eiweiß je 100 Gramm und viele Ballaststoffe. Der Gehalt an Vitamin B_1 und B_2 ist hoch. Unter den Mineralstoffen sind insbesondere Kalium und Phosphor zu nennen.

Gefüllte Paprikaschote

1 rote Paprikaschote
1 gelbe Paprikaschote
2 EL kaltgepresstes Olivenöl
2 Tomaten
1 Zwiebel
1 TL frische Thymianblättchen
Jodsalz
Pfeffer aus der Mühle
4 Eier (Gew.-Kl. XL)
6 EL süße Sahne
3 EL geriebener Parmesan
4 Scheiben Lachsschinken, in Streifen geschnitten
1 EL ungesalzene, gehackte Pistazien

Zubereitungszeit:
10–15 Minuten
***Backzeit:** 20 Minuten*
Schwierigkeitsgrad:
1 von 3
Pro Portion etwa 288 kcal/ 1206 kJ, 14 g EW, 22 g F, 9 g KH, 4,5 g B.

Den Backofen auf 200 °C (Gas Stufe 3, Umluft 180 °C) vorheizen. Die Paprikaschoten längs halbieren, putzen, waschen und trockenreiben. Eine ofenfeste Form sowie die Schale der Paprikaschoten dünn mit Öl bestreichen. Die Paprikahälften in die Form setzen. Die Tomaten grob würfeln. Die Zwiebel schälen und fein würfeln. Die Tomaten mit der Zwiebel und den Thymianblättchen vermengen und mit Salz und Pfeffer würzen. Die Tomatenzubereitung in die Paprikahälften füllen und auf der zweiten Schiene von unten in den heißen Backofen schieben. Die Eier trennen, die Eigelbe jeweils in einer Eierschalenhälfte in Eierbechern beiseite stellen. Die Eiweiße mit der Sahne steif schlagen. Den geriebenen Parmesan, die Schinkenstreifen und die gehackten Pistazien unterheben. Mit Salz und Pfeffer würzen. Den Eischnee auf die 4 Paprikahälften verteilen und 5 Minuten überbacken. Dann mit einem Löffel kleine Vertiefungen drücken, die Eigelbe hineingleiten lassen und weitere 10 Minuten garen.

▸ *Dieses Gericht ist reich an den Vitaminen C, K, B_{12}, A, E, D, B_6 und Folsäure.*

Obwohl Christoph Kolumbus den Paprika bereits im 16. Jahrhundert von Südamerika nach Europa brachte, wurde dieses Gemüse bei uns erst nach dem Zweiten Weltkrieg so richtig bekannt und beliebt. Die meisten Schoten stammen aus dem Treibhaus. Nur die kleineren Früchte, die im Sommer und Herbst im Handel sind, werden auf Feldern geerntet. Paprika sollte wegen der Vitamine am besten nur als Rohkost verzehrt werden. Viele Menschen vertragen Paprika jedoch überhaupt nicht, das liegt an der unverdaulichen dünnen Haut. Die fleischigen Früchte lassen sich aber mit einem scharfen Sparschäler gut schälen. Paprikaschoten sind reich an Carotin und Vitamin C, außerdem enthalten sie Vitamin E, Kalium und Eisen.

Tellersülze mit Jogurtsauce

¾ Liter Gemüsebrühe oder Gemüsefond
400 g Schollenfilets
2 dünne Zucchini
1 Möhre
100 g kleine, grüne Bohnen
4 Frühlingszwiebeln
9 Blatt weiße Gelatine
1 Tasse TK-Erbsen
Jodsalz
Pfeffer aus der Mühle
Zucker
3–4 EL Weißweinessig
4 kleine rote Chilischoten
4 Lorbeerblätter
1 Tasse Kerbel

250 g Sahnejogurt
1 TL Honig
1 EL Zitronensaft
3 EL Schnittlauchröllchen

Zubereitungszeit:
30–35 Minuten
***Kühlzeit:** 4–5 Stunden*
Schwierigkeitsgrad:
2 von 3
Pro Portion etwa 438 kcal/ 1841 kJ, 36 g EW, 13 g F, 43 g KH, 11 g B.

Die Gemüsebrühe erhitzen. Die Schollenfilets abspülen, trockentupfen und in der Brühe 3 Minuten gar ziehen lassen. Die Filets klein schneiden oder aufrollen und in 4 tiefe Teller legen. Die Zucchini putzen, waschen und in dünne Scheiben schneiden. Die Möhre schälen und in sehr dünne Stifte schneiden. Die Bohnen putzen und waschen. Die Frühlingszwiebeln putzen und den dunkelgrünen Teil wegschneiden.
Die Gelatine 10 Minuten in kaltem Wasser einweichen.
Das vorbereitete Gemüse und die Erbsen in der Brühe in 5 bis 8 Minuten bissfest garen und in einem hübschen Muster in die Teller legen.
Die Brühe kräftig mit Salz, Pfeffer, Zucker und Weißweinessig abschmecken. Die Gelatine ausdrücken und in der heißen Brühe unter Rühren auflösen. Anschließend in die Teller gießen und mit jeweils 1 Chilischote, 1 Lorbeerblatt und Kerbelblättchen garnieren. Im Kühlschrank in 4 bis 5 Stunden fest werden lassen. Den Jogurt mit Honig, Zitronensaft, Schnittlauchröllchen, Salz und Pfeffer verrühren. Die Tellersülze mit der Jogurtsauce und knusprigem Vollkorn-Baguette servieren.

Dieses Gericht ist reich an den Vitaminen K, D, B_{12}, A, B_6, B_1, E und den Mineralstoffen Kalium, Phosphor, Eisen und Magnesium.

Erbsen kennen wir schon aus Kindertagen, als man uns von der Prinzessin erzählte, die unter einem Berg Matratzen noch eine einzige (sicherlich aber getrocknete) Erbse spürte.
Probieren Sie im Sommer doch einmal frische Erbsen. Das Palen der Schoten geht sehr schnell und der Geschmack ist unvergleichlich gut.
Frische Erbsen enthalten Pro-Vitamin A, B-Vitamine, C, E und K sowie reichlich Kalium, Magnesium, Eisen und Phosphor.

Hummer auf Blattspinat

1 kg Blattspinat
2 Knoblauchzehen
2 Zwiebeln
2 EL kaltgepresstes Olivenöl
1 EL Butter
Jodsalz
Pfeffer aus der Mühle
Muskatnuss
1 Prise Zucker
1 unbehandelte Orange
150 g Kirschtomaten (gelb und rot, falls erhältlich)
1 TK-Hummer

Variante:
Statt des Spinats können Sie die gleiche Menge frischen Mangold verwenden. Bei diesem Gemüse werden die hellen Stängel klein geschnitten und 5 Minuten länger gegart als die grob geschnittenen Blätter.

Zubereitungszeit:
30–35 Minuten
Schwierigkeitsgrad:
1 von 3
Pro Portion etwa 147 kcal/ 616 kJ, 10 g EW, 8 g F, 6 g KH, 7,7 g B.

Den Spinat von den Stielen zupfen und die Blätter gründlich waschen. Den Knoblauch und die Zwiebeln abziehen und fein würfeln. Das Öl mit der Butter in einem großen Topf erhitzen. Die Zwiebeln und den Knoblauch darin weich schmoren. Den abgetropften Spinat dazugeben und bei großer Hitze zusammenfallen lassen. Die Flüssigkeit abgießen und beiseite stellen. Den Spinat mit Salz, Pfeffer, frisch geriebener Muskatnuss und Zucker würzen. Die Orange wie einen Apfel schälen und die Filets lösen. Die Fruchtrückstände ausdrücken und den Saft zur Spinatbrühe geben. Von den gewaschenen Kirschtomaten die Stielansätze herausschneiden. Die Tomaten mit den Orangenfilets unter den Spinat mischen.
Den Hummer auftauen lassen, aus dem Panzer brechen, in Scheiben schneiden und kurz in der Spinatbrühe erwärmen. Den Spinat ebenfalls noch einmal erhitzen. Die Hummerscheiben auf dem Spinat anrichten und mit Röstkartöffelchen und kleinen Zwiebeln servieren.

▸ *Dieses Gericht ist reich an den Vitaminen K, A, C, Folsäure, E, B_6 und den Mineralstoffen Eisen, Kalium und Calcium.*

Viele Kinder tun sich schwer mit dem Spinatbrei, den die Eltern ihnen mit den Worten vorsetzen: „Iss Spinat, der ist gesund!“ Zugegeben: Spinat ist ein wenig herb, aber lassen Sie die Blätter doch einmal einfach im Topf zusammenfallen, würzen Sie mit Jodsalz, Zucker (oder Honig), Zitronensaft, geben Sie einige geschmorte Zwiebelwürfelchen und etwas süße Sahne sowie geschmorte Tomaten dazu. Wetten, dass so zubereiteter Spinat allen schmeckt?
Spinat ist reich an Pro-Vitamin A, einigen B-Vitaminen, C, E und K sowie den Mineralstoffen Kalium, Calcium, Magnesium und Eisen.

Fischsalat im Körbchen

4 kleine runde Roggenbrote (à 200 g)
2 Bund Rucola
1 Zwiebel
650 g Kabeljau oder Schellfisch
Jodsalz
2 Lorbeerblätter
1 EL Fischgewürz
100 g TK-Erbsen
250 g Sahnejogurt
Pfeffer aus der Mühle
1 EL kaltgepresstes Olivenöl
3 EL Zitronensaft
1 TL Honig
2 Tomaten
2 Knoblauchzehen
2 Frühlingszwiebeln
1 kleine Chilischote
100 g kleine Champignons
4 EL gehackte Petersilie
4 gekochte ganze Scampi

Zubereitungszeit:
40–45 Minuten
Schwierigkeitsgrad:
2 von 3
Pro Portion etwa 559 kcal/ 2338 kJ, 51 g EW, 12 g F, 59 g KH, 9,6 g B.

Von den kleinen Broten jeweils einen Deckel abschneiden und die Brote aushöhlen. (Das Ausgehöhlte kann zu dunklen Semmelbröseln verarbeitet werden.)
Den Rucola waschen, von den Stielen zupfen und gut abtropfen lassen. Die Zwiebel schälen und in Ringe schneiden.
Den Fisch abspülen und in 1 Liter Salzwasser mit der Zwiebel, den Lorbeerblättern und dem Fischgewürz bei milder Hitze 15 bis 20 Minuten gar ziehen lassen. Herausheben und von Haut und Gräten befreien. Den Fisch zerpflücken. Die Erbsen in der Fischbrühe 5 Minuten garen, herausnehmen und abtropfen lassen.
Den Jogurt mit Salz, Pfeffer, Öl, Zitronensaft und Honig verrühren. Die Tomaten waschen, halbieren und entkernen. Die Stielansätze wegschneiden und das Fruchtfleisch würfeln. Die Tomatenwürfel mit den Erbsen zum Jogurt geben. Den Knoblauch abziehen und durch die Presse zum Jogurt drücken. Die geputzten Frühlingszwiebeln und die gewaschene und entkernte Chilischote in kleine Würfel schneiden. Die Champignons mit einem feuchten Tuch abreiben und in dünne Scheiben schneiden. Die Jogurtsauce über den Fisch gießen, Zwiebeln, Chiliwürfel, Champignonscheiben und Petersilie dazugeben und alle Zutaten vorsichtig miteinander mischen.
Die Rucolablätter in die ausgehöhlten Brote legen, mit dem Fischsalat auffüllen und mit jeweils 1 Scampo garnieren.

▸ *Dieses Gericht ist reich an den Vitaminen K, D, A, C, B_6, Niacin und den Mineralstoffen Jod, Kalium, Eisen und Magnesium.*

Krustentiere zählen zu den kostspieligen Spezialitäten, die nur an besonderen Feiertagen auf den Tisch kommen. Sie enthalten Jod, Natrium, Zink, Magnesium und Phosphor, reichlich Vitamin B_{12} und Pantothensäure.
Garnelen gehören zu den verbreitetsten Krustentieren. Zu ihnen zählen die kleinen aromatischen Nordseekrabben (Granat), die blassrosa Tiefseegarnelen (Grönland-Shrimps) wie auch die Riesengarnelen (Tiger Prawns). Scampi (Kaisergranat) zählen zu den Hummerartigen.

Vitamine von A bis K

DIE FETTLÖSLICHEN VITAMINE

Vitamin A (Retinol), das Augenvitamin

So wirkt es: Das Vitamin A ist unerlässlich für den Sehvorgang, für eine gute Entwicklung des Embryos, es sorgt für neue Zellen, regelt das Wachstum von Gewebe, z.B. der Schleimhaut des Verdauungs- und Atmungssystems.
Wichtige Vorkommen: Fleisch, Leber, Fisch, Eier, Milch und Käse.
Empfohlene Zufuhrmenge pro Tag:
0,8 bis 1 Milligramm
Das passiert bei Unterversorgung: Ein Vitamin-A-Mangel zeigt sich an durch eine verminderte Sehfähigkeit (Nachtblindheit), es kommt häufig zu Infektionskrankheiten und Veränderungen der Schleimhäute, die Haut wird trocken, Haare und Fingernägel werden brüchig. Bei ausgeprägtem Mangel (sehr häufig in Ländern der Dritten Welt) können Symptome bis zur Erblindung sowie Missbildungen und Störungen der Fruchtbarkeit auftreten.
Nebenwirkungen bei erhöhter Zufuhr: Fettlösliche Vitamine werden nicht mit dem Urin ausgeschieden, sondern im Körper (in diesem Fall in der Leber) gespeichert. Eine langfristige Überdosis führt bei Kindern unter anderem zu Appetitlosigkeit, Austrocknung der Haut, Haarausfall, Knochenschmerzen und Wachstumsverzögerungen. Bei Erwachsenen sind die Symptome meist nicht so ausgeprägt. Ursache sind meist Vitamin-A-Präparate. Diese sollten nur nach Befragung des Arztes eingenommen werden.

Tipp: Frauen mit Kinderwunsch wird empfohlen, keine Leber zu verspeisen, weil diese besonders reich an Vitamin A ist. Zu viel Vitamin A kann den Embryo schädigen. Statt dessen sollten verstärkt carotinreiche Säfte oder Gemüse verzehrt werden.

Betacarotin – mehr als nur ein Farbstoff

So wirkt es: Betacarotin und einige andere Carotinoide sind Vitamin-A-Vorstufen. Daneben hat Betacarotin auch eine eigene Wirkung: Es schützt das Gewebe vor aggressiven Sauerstoffverbindungen (s. Seite 20/21). Bis man den Wert von Betacarotin erkannte, wurde es in der Lebensmittelindustrie zum Kolorieren genommen, weil es alles appetitlich gelb färbt.

Wichtige Vorkommen: In allen gelben (Paprika, Aprikosen), roten (Paprika, Schattenmorellen), orangefarbenen (Paprika, Karotten) und dunkelgrünen Pflanzen (Rosenkohl, Spinat, Grünkohl, Feldsalat) und in Hülsenfrüchten.
Empfohlene Zufuhrmenge pro Tag: Über die tägliche Zufuhrmenge – unabhängig vom Vitamin-A-Bedarf – sind sich die Wissenschaftler noch nicht einig. 6 Milligramm Betacarotin entsprechen 1 Milligramm Vitamin A. Die empfohlene Menge reicht von 2 bis 15 Milligramm pro Tag.
Das passiert bei Unterversorgung: Bis heute sind keine Störungen bei einem Betacarotinmangel bekannt, aber die Forschungen darüber sind noch nicht abgeschlossen.
Nebenwirkungen bei erhöhter Zufuhr: Die einzig bekannte Nebenwirkung ist die gelbliche Tönung der Haut.

Tipp: Babys sollten nicht zu lange ausschließlich mit Möhrensaft und Möhrenbrei gefüttert werden. Die „gesunde" gelbliche Hautfarbe kann später zu Hautirritationen führen.

Vitamin D (Calciferol) für starke Knochen und gesunde Zähne

So wirkt es: Dieses Vitamin wird über die Haut durch Sonnenstrahlung vom Körper auch selbst gebildet. Extreme Lichtarmut führt deshalb zu Rachitis (siehe Seite 17), einer Vitamin-D-Mangelerkrankung. Vitamin D sorgt als Calciumregulativ außerdem für kräftige Knochen und Zähne.
Wichtige Vorkommen: Leber, Fische, Eier, Butter, Margarine, Avocados, Käse und Pilze.

Empfohlene Zufuhrmenge pro Tag: 5 Mikrogramm
Das passiert bei Unterversorgung: Das klassische Bild eines Vitamin-D-Mangels ist die Rachitis, bei Erwachsenen Osteomalazie genannt. Durch die gestörte Aufnahme von Calcium und Phosphat in Darm und Niere kommt es zur Knochenerweichung (Demineralisierung). Weitere Folgen sind Muskelschwäche und Knochenschmerzen.
Nebenwirkungen bei erhöhter Zufuhr: Übelkeit, Durchfall, in schweren Fällen Nierenschäden infolge von Vitamin-D-Präparaten.

Tipp: Tägliche Spaziergänge im Freien fördern die Vitamin-D-Bildung im Körper. Man sollte deshalb darauf achten, daß Kinder viel im Freien spielen.

Vitamin E (Tocopherol), der Zellschutz

So wirkt es: Das Vitamin E ist der wichtigste Schutz unserer Zellen vor Oxidation. Vitamin E soll über dessen antioxidative Wirkung (s. Seite 20/21) eine hohe Schutzfunktion gegen Krankheiten ausüben (Krebs, Arteriosklerose). Es sorgt für guten Energiestoffwechsel und unterstützt das Gewebewachstum sowie die Bildung von roten Blutkörperchen.
Wichtige Vorkommen: Pflanzliche Öle (Weizenkeimöl, Sonnenblumenöl, Keimöl, Olivenöl), fettreicher Fisch, Garnelen (Krabben), Nüsse, Fleisch, Milch, Eier, einige Gemüsesorten und Vollkornprodukte.
Empfohlene Zufuhrmenge pro Tag: 12 Milligramm
Das passiert bei Unterversorgung: Bei uns kommt es nur selten zu einer Unterversorgung. Bei einem zu niedrigen Vitamin-E-Spiegel kommt es zu Störungen des Muskelstoffwechsels und des Nervensystems als Folge einer Anhäufung von Radikalen und der oxidativen Veränderung von Fett.
Nebenwirkungen bei erhöhter Zufuhr: Sind bis heute nicht bekannt, auch nicht bei wesentlich höheren Dosen als angegeben. Trotzdem sollten Vitamin-E-Präparate nur nach Befragen des Arztes eingenommen werden.

Tipp: Kaufen Sie hochwertige Pflanzenöle nur in dunklen Flaschen, weil Licht das Vitamin E zerstört.

Vitamin K (Phyllochinon) für die Blutgerinnung

So wirkt es: Das Vitamin K ist wichtig für die Aktivierung der Blutgerinnungsfaktoren. Außerdem sorgt es für eine gute Aufnahme von Mineralstoffen in den Knochen.
Wichtige Vorkommen: Das Vitamin K_1 findet sich in grünem Gemüse (Grünkohl, Rosenkohl, Spinat, Brokkoli, aber auch in Sauerkraut und Blumenkohl), Fleisch, Leber, Pflanzenöl, Vollkornprodukten und Käse. – Vitamin K_2 wird im Darm gebildet.
Empfohlene Zufuhrmenge pro Tag:
75 bis 80 Mikrogramm
Das passiert bei Unterversorgung: Kann fast ausschließlich nur bei Kindern und älteren Menschen auftreten. Infolge von Blutgerinnungsstörungen kommt es zu Blutungen, die bis zu vier Minuten andauern können, auch Zahnfleischbluten über eine längere Zeit kann auf einen Vitamin-K-Mangel hinweisen. Zur Vorbeugung wird allen Säuglingen ein Vitamin-K-Präparat verabreicht.
Nebenwirkungen bei erhöhter Zufuhr: Kommen praktisch nicht vor. Nach Vitamin-K-Injektionen kann es zu allergischen Hautreaktionen kommen.

Tipp: Vitamin K ist lichtscheu. Obst und Gemüse am besten im Kühlschrank aufbewahren und bald verbrauchen.

DIE WASSERLÖSLICHEN VITAMINE

Vitamin B_1 (Thiamin) für gute Nerven

So wirkt es: Vitamin B_1 ist unerlässlich für den Kohlenhydratstoffwechsel, wovon in erster Linie Nerven und Muskeln profitieren.
Wichtige Vorkommen:
Hefeflocken, Weizenkeime, Sonnenblumenkerne, Vollkorn, Naturreis, mageres Schweinefleisch und Erbsen.

Empfohlene Zufuhrmenge pro Tag:
1,1 bis 1,4 Milligramm
Das passiert bei Unterversorgung: Die bekannteste Krankheit bei einem Vitamin-B_1-Mangel ist Beriberi (siehe Seite 16). Bei uns kommt diese Mangelkrankheit nur noch in Einzelfällen vor. Erste Anzeichen sind Müdigkeit, Appetitlosigkeit und Konzentrationsschwäche, später Taubheit an Händen und Füßen sowie Muskelschwäche. Ursache ist in Industrieländern im Wesentlichen ein krankhafter Alkoholkonsum.
Nebenwirkungen bei erhöhter Zufuhr: Ein Überschuss wird über den Urin ausgeschieden. Selbst bei hohen Dosierungen (200facher Tagesbedarf) wurden beim Menschen keine Nebenwirkungen festgestellt.

Vitamin B_2 (Riboflavin) schützt die Haut und spendet Energie

So wirkt es: Vitamin B_2 wird für den Energiestoffwechsel gebraucht. Als Bestandteil von Enzymen spielt es darüber hinaus eine wichtige Rolle beim Schutzmechanismus gegenüber oxidativen Schädigungen. Besonders hoch ist die Konzentration in der Linse des Auges und in den roten Blutkörperchen, wo es zur Erhaltung der physiologischen Funktion beiträgt.
Wichtige Vorkommen: Milch und Milchprodukte, Leber, Fisch, Fleisch, Vollkornprodukte, einige Gemüsesorten und Eier.
Empfohlene Zufuhrmenge pro Tag:
1,5 bis 1,8 Milligramm
Das passiert bei Unterversorgung: Bei uns tritt ein Mangel kaum auf. Die Gefahr eines Vitamin-B_2-Mangels besteht hauptsächlich für ältere Menschen und Personen mit übermäßigem Alkoholkonsum. Mitunter kommt es zu rissiger Haut, manchmal können Müdigkeitserscheinungen und Konzentrationsschwäche auftreten. Bei Riboflavinmangel kann es zu Störungen der Eisenaufnahme bis hin zu einer Anämie kommen.
Nebenwirkungen bei erhöhter Zufuhr: Nebenwirkungen bei einer zu hohen Vitamin-B_2-Aufnahme sind nicht bekannt.

B_6 (Pyridoxin) fürs gesunde Kind

So wirkt es: Vitamin B_6 ist als Bestandteil von Enzymen sehr wichtig für den Eiweißstoffwechsel und somit für viele Funktionen wie z. B. die Regulation des Zellwachstums, die Erregung von Nerven und die Blutbildung.

Wichtige Vorkommen: Hühner- und Schweinefleisch, Fisch, Milchprodukte, Eigelb, einige Gemüsearten (Kohl, Bohnen, Linsen, Feldsalat), Kartoffeln, Vollkornprodukte und Sojabohnen.
Empfohlene Zufuhrmenge pro Tag: 1,6 bis 2,1 Milligramm
Das passiert bei Unterversorgung: Ein Vitamin-B_6-Mangel kommt bei uns selten vor und ist häufig krankheitsbedingt. Anzeichen sind Hautveränderungen im Nasen- und Augenbereich, Entzündungen im Mund und an den Lippen. Weitere Symptome sind Schlaflosigkeit und erhöhte Reizbarkeit.
Nebenwirkungen bei erhöhter Zufuhr: Bei normaler Zufuhr wird zu viel Vitamin B_6 über den Urin ausgeschieden. Wer jedoch hoch dosierte Vitamin-B_6-Präparate über längere Zeit (Monate bis Jahre) nimmt, muss mit Unverträglichkeit rechnen, die sich in Form von tauben Händen und Füßen bemerkbar machen kann.

Tipp: Frauen, die die Antibabypille einnehmen, leiden häufig unter einem Vitamin-B_6-Mangel.

Vitamin B_{12} (Cobalamin) sorgt für gutes Blut

So wirkt es: Das Vitamin B_{12} ist am gesamten Stoffwechsel und am Abbau von Fetten beteiligt. Es aktiviert zudem die Folsäure. Es ist unerlässlich für die Blutbildung, das Nervensystem, Mund- und Rachenschleimhaut sowie für ein gutes Wohlbefinden.
Wichtige Vorkommen: Die besten Quellen für die Versorgung mit Cobalamin sind tierische Produkte wie Leber, Fisch, Eier, Schweine-, Lamm- und Geflügelfleisch, Käse, Kefir und Quark. In pflanzlichen Lebensmitteln kann durch bakterielle Gärungsprozesse Vitamin B_{12} vorkommen, z. B. in milchsaurem Gemüse wie Sauerkraut.
Empfohlene Zufuhrmenge pro Tag: 3 Mikrogramm
Das passiert bei Unterversorgung: Ein Mangel durch unzureichende Ernährung kommt bei uns selten vor. Gefährdet sind Veganer, also Menschen, die auf jegliche tierische Nahrungsmittel verzichten. Bei einer Mangelversorgung kommt es unter anderem zu Störungen des Blutbildes, Nervenschäden, Müdigkeit, Schwäche, Konzentrationsstörungen und Taubheitsgefühlen.
Nebenwirkungen bei erhöhter Zufuhr: Sind nicht bekannt.

Tipp: Vitamin B_{12} ist außerordentlich licht- und sauerstoffempfindlich. Deshalb sollten längere Lagerzeiten vermieden werden. Ausgetretenen Fleischsaft während des Garens stets mit verzehren.

Niacin für ein gesundes Gehirn und schöne Haut

So wirkt es: Das Vitamin Niacin (Nicotinsäure und Nicotinamid, sie sind nicht verwandt mit dem Nikotin des Tabaks) ist am gesamten Stoffwechsel beteiligt, es reguliert den Feuchtigkeitsgehalt und die Verhornung der Haut. Außerdem ist Niacin mit dafür verantwortlich, dass unser Gehirn richtig arbeitet.
Wichtige Vorkommen: Nüsse, Innereien, Fleisch, Fisch, Getreide, einige Gemüsesorten, geröstete Kaffeebohnen.
Empfohlene Zufuhrmenge pro Tag: 15 bis 18 Milligramm
Das passiert bei Unterversorgung: In Mitteleuropa tritt ein Niacinmangel nur bei extremen Abweichungen von den üblichen Ernährungsgewohnheiten auf. Die Störungen bei einem Niacinmangel sind vielfältig: Kopfschmerzen, Gedächtnisstörungen, Schwindel, Schlaflosigkeit, Veränderungen an den Schleimhäuten von Mund und Darm, mehr oder weniger starke Hautveränderungen.
Nebenwirkungen bei erhöhter Zufuhr: Allein durch die Nahrung kann es nicht zu einer Überdosierung kommen. Niacin-Präparate nur nach Befragen des Arztes einnehmen.

Pantothensäure für Haut und Haar und Wachstum

So wirkt es: Das Vitamin Pantothensäure ist am gesamten Stoffwechsel beteiligt. Der Abbau von Fetten, Kohlenhydraten und Aminosäuren ist ebenso wie die Synthese von Cholesterin und einigen Hormonen an die Gegenwart von Pantothensäure gekoppelt. Das „Allround-Vitamin" sorgt in Stresssituationen für die nötige Cortisonproduktion und ist für viele Hirnfunktionen unentbehrlich. Dort findet es sich in hoher Konzentration.
Wichtige Vorkommen: Fast überall – wie der Name besagt: zum Beispiel in Leber, Fleisch, Fisch, Milch, Vollkornprodukten und Hülsenfrüchten.
Empfohlene Zufuhrmenge pro Tag: 6 Milligramm
Das passiert bei Unterversorgung: Ein Mangel an Pantothensäure kommt selten vor, weil sie fast überall enthalten ist. Es kann zu unspezifischen Anzeichen wie Müdigkeit, Magen-Darm-Störungen und Kopfschmerzen kommen.
Nebenwirkungen bei erhöhter Zufuhr: Es sind keine Nebenwirkungen bei erhöhter Aufnahme dieses Vitamins bekannt.

Biotin, der Spezialist für Haare, Haut und Fingernägel

So wirkt es: Das Vitamin Biotin ist am gesamten Stoffwechsel, an der Bildung von Blutzellen und der Haut beteiligt, es sorgt für eine normale Zellentwicklung und ungestörtes Zellwachstum.
Wichtige Vorkommen: Eigelb, Leber, Sojabohnen, Nüsse, Haferflocken und Milch. Biotin wird auch durch Darmbakterien produziert, inwiefern dieses im Darm gebildete Biotin jedoch für Stoffwechselfunktionen genutzt werden kann, ist nicht bekannt.
Empfohlene Zufuhrmenge pro Tag:
30 bis 100 Mikrogramm
Das passiert bei Unterversorgung: Biotinmangelsymptome wurden unter üblichen Ernährungsgewohnheiten bei Erwachsenen bisher nicht beobachtet. Es wird noch diskutiert, ob der „plötzliche Kindstod“ durch einen Biotinmangel hervorgerufen werden kann. Zu einem Mangel an Biotin kann es kommen, wenn ein Mensch täglich größere Mengen rohe Eier verzehrt.
Nebenwirkungen bei erhöhter Zufuhr:
Sind nicht bekannt.

Folsäure für Fortpflanzung und Wachstum

So wirkt es: Das Vitamin Folsäure sorgt für die Zellneubildung, es ist maßgeblich an allen Entwicklungs- und Wachstumsvorgängen sowie an der Blutbildung beteiligt und sorgt für gute Nerven.

Wichtige Vorkommen: Leber, Eier, Getreide, grünes Gemüse, Nüsse, Weizenkeime, Milch- und Milchprodukte und Käse.
Empfohlene Zufuhrmenge pro Tag: 300 Mikrogramm
Das passiert bei Unterversorgung: Ein erstes Anzeichen sind Störungen des Blutbildes. Bei länger andauerndem Mangel sind Schleimhautveränderungen in der Mundhöhle, Durchfälle, Wachstumsstörungen und Störungen der Fortpflanzung zu erwarten. In der Schwangerschaft kann es zu Fehlgeburten, Nervenschädigungen und Missbildungen bei Neugeborenen kommen. In allen Phasen des Lebens mit vermehrtem Zellwachstum ist deshalb auf eine ausreichende Folsäureversorgung zu achten. Aber auch ältere Menschen brauchen es für Regenerationsvorgänge.
Nebenwirkungen bei erhöhter Zufuhr: Im Normalfall kommt es nicht zu einer Überdosierung.

Tipp: Wer sich fast ausschließlich von Fast Food, Fertiggerichten, Kantinenessen und überhaupt einseitig (Diäten) ohne viel frisches Gemüse und Obst ernährt, leidet fast immer an einem Folsäuremangel.

Vitamin C (Ascorbinsäure) für eine robuste Gesundheit

So wirkt es: Ohne die tägliche Zufuhr von Vitamin C würde unser Stoffwechsel nicht funktionieren. Vitamin C ist an der Bindegewebe- und Gallensäurebildung beteiligt, es ist Mittler bei der Energiegewinnung aus Fett, aktiviert Hormone und ist u. a. beteiligt an Entgiftungsreaktionen. Wie die fettlöslichen Vitamine E und Betacarotin schützt auch das Vitamin C unsere Zellen vor freien Radikalen (siehe Seite 20/21). Zusätzlich erhöht Vitamin C die Immunabwehr und hilft entscheidend dabei mit, dass wir gesund bleiben. Dieses Vitamin sorgt in unserem Körper dafür, dass der Mineralstoff Eisen besser aufgenommen wird.

Wichtige Vorkommen:
Fast alle Gemüse und Obstsorten enthalten Vitamin C. Zu den wichtigen einheimischen Lieferanten zählen die Kartoffeln. Vitamin-C-reich sind Zitrusfrüchte, Sanddorn, schwarze Johannisbeeren, Kiwis, Erdbeeren, Paprikaschoten, Brokkoli, Grünkohl und Blattsalate.
Empfohlene Zufuhrmenge pro Tag: 75 Milligramm
Das passiert bei Unterversorgung: Die typische Vitamin-C-Mangelerkrankung ist Skorbut (siehe Seite 16); nach Zahnfleischbluten kommt es häufig zu Zahnausfall, Muskelschmerzen, z. B. in den Waden, Gliederschmerzen und Blutungen im Muskel. Viel häufiger kommt es bei uns wegen eines Vitamin-C-Mangels zu oft auftretenden Infektionskrankheiten. Auch Menschen, die morgens wenig Antriebsstärke verspüren, die sich matt und müde fühlen, sollten ganz bewusst über mehrere Wochen eine große Menge Vitamin-C-haltiger Früchte und Gemüse verzehren.
Nebenwirkungen bei erhöhter Zufuhr: Ein Überschuss an Vitamin C wird mit dem Urin wieder ausgeschieden. Nur bei einer Überdosierung (durch Vitamin-C-Präparate) von über 3 Gramm pro Tag kann es zu Darmstörungen kommen.

Mineralstoffe – Mengenelemente und Spurenelemente

Calcium für kräftige Knochen und Zähne

So wirkt es: Dieser Mineralstoff sorgt für Aufbau und Erhalt von Knochen und Zähnen. Calcium spielt eine wichtige Rolle bei der Blutgerinnung und ist für das Zusammenspiel von Muskeln und Nerven von Bedeutung.
Wichtige Vorkommen: Milch und Milchprodukte, Sesam, Sojabohnen, Getreide, Hülsenfrüchte, Nüsse und einige Gemüsesorten.
Empfohlene Zufuhrmenge pro Tag:
800 bis 1200 Milligramm
Das passiert bei Unterversorgung: Der Körper entzieht den Knochen das Calcium, es kommt zu Knochen- und Muskelschmerzen und Osteoporose. Haut, Haare und Fingernägel werden geschädigt. Bei Kindern und Jugendlichen kommt es zu einer Verringerung der Knochenmasse und brüchigen Knochen.
Nebenwirkungen bei erhöhter Zufuhr: Kann kaum vorkommen, doch bei entsprechender Veranlagung können Nierensteine entstehen. Auch bei einigen Krankheiten (Überfunktion der Schilddrüse u.a.) kann es zu einer Erhöhung des Calciumspiegels kommen. Zu viel Calcium wird bei gesunden Menschen über die Niere und den Darm wieder ausgeschieden.

Tipp: Täglich ein großes Glas Milch (Buttermilch, Kefir oder Dickmilch), etwas Jogurt und Käse versorgen den Körper ausreichend mit dem wichtigen Calcium.

Magnesium – rundum aktiv

So wirkt es: Dieser Mineralstoff ist am Stoffwechsel beteiligt, er sorgt für eine bessere Arbeit der Muskeln, auch des Herzmuskels, ohne Magnesium würden keine Nervenreize übertragen werden können, es gilt als Vorbeugung gegen Herzinfarkt.

Wichtige Vorkommen: Getreideprodukte, Milch und Milchprodukte, Fleisch, Leber, Geflügel, Fisch, Kartoffeln, viele Gemüsearten, Sojabohnen, Beerenobst sowie Bananen.
Empfohlene Zufuhrmenge pro Tag: 300 bis 350 Milligramm
Das passiert bei Unterversorgung: Durchfall, Missbrauch von Abführmitteln und eine operative Verkürzung des Verdauungskanals können zu Magnesiummangel führen. Alkoholismus ist bei gleichzeitiger Fehlernährung heutzutage die häufigste Ursache für einen Magnesiummangel bei Erwachsenen. Es kommt zu einer Übererregbarkeit, zu Schlafstörungen, Kopfschmerzen, Migräne, Wadenkrämpfen, Verspannungen, Taubheitsgefühlen an Händen, Kribbeln an Armen und Beinen, Herzjagen sowie Herzrhythmusstörungen.
Nebenwirkungen bei erhöhter Zufuhr: Bei einem gesunden Menschen kann es nicht dazu kommen, weil zu viel Magnesium über die Niere und den Darm wieder ausgeschieden wird. Bei einer verminderten Nierenfunktion kann es zu einer Magnesiumerhöhung kommen, die sich durch Blutdruckabfall, Benommenheit und Muskelerschlaffung bemerkbar macht.

Natrium – wichtig für den Wasserhaushalt

So wirkt es: Natrium ist für den Wasserhaushalt im Körper verantwortlich, es ist wichtig für die Nerven- und Muskelarbeit sowie für die Aufnahme von Nährstoffen in die Zelle.

Wichtige Vorkommen: Die wichtigste Quelle ist Kochsalz (Natriumchlorid), andere Quellen sind Milch und Milchprodukte, Eier, Fisch, Fleisch und alle mit Kochsalz zubereiteten Lebensmittel wie beispielsweise Brot, Wurst, Fertiggerichte u. a. m.
Empfohlene Zufuhrmenge pro Tag:
2 bis 3 Gramm
Das passiert bei Unterversorgung: Menschen, die viel schwitzen (Sport, Urlaub in heißen Ländern), unter starken Durchfällen oder Erbrechen leiden, können einen Natriummangel erleiden. Dieser macht sich bemerkbar durch Konzentrations- und Antriebsschwäche, Verwirrtheit, Übelkeit, niedrigen Blutdruck, Kollapsneigung, Müdigkeit und Muskelkrämpfe.
Nebenwirkungen bei erhöhter Zufuhr: Ein Überschuss an Salz kann zu Bluthochdruck führen, Nieren- und Herzkranke sollten die tägliche Kochsalzmenge also in jedem Fall so weit wie möglich reduzieren. 1 Gramm Salz bindet 1 Liter Wasser. Bei reichlichem Salzkonsum müssen Herz und Nieren kräftiger arbeiten, wenn sie das aufgrund von Krankheit nicht vermögen, kommt es zu Ödemen (Flüssigkeitsansammlungen im Gewebe).

Tipp: Sportler, Touristen in heißen Ländern und Menschen, die viel schwitzen, sollten Obstsäfte mit Mineralwasser oder gesalzene Hühnerbrühe trinken.

Chlor für eine gute Verdauung

So wirkt es: Zusammen mit Natrium bildet Chlorid Kochsalz und sorgt für unseren Flüssigkeitshaushalt und die richtige Gewebespannung. Chlorid ist ein wichtiger Bestandteil der Magensäure und so mitverantwortlich für eine gute Verdauung.
Wichtige Vorkommen: In allen kochsalzhaltigen Nahrungsmitteln.
Empfohlene Zufuhrmenge pro Tag: 3 bis 5 Gramm
Das passiert bei Unterversorgung: Kann nur bei extrem salzarmer Ernährung vorkommen. Es kommt zur Verringerung der Magensäure und damit zu Verdauungsstörungen und zu Muskelschwäche.
Nebenwirkungen bei erhöhter Zufuhr: Bei extrem hoher Aufnahme von salzhaltiger Nahrung kann es zu Bluthochdruck und Magenschleimhautentzündungen kommen.

Tipp: Wer stark schwitzt, ganz gleich aus welchen Gründen, sollte mehr Chlorid aufnehmen.

Kalium fürs gesunde Herz

So wirkt es: Ebenso wie Natrium, spielt Kalium beim Wasserhaushalt im Körper eine große Rolle. Kalium ist wichtig für die Weiterleitung von Signalen an Muskeln und Nerven sowie für die Aktivierung von Enzymen. Ohne Kalium könnte unser Herz nicht schlagen, die Muskeln wären schlaff, unser Nervenkostüm heruntergekommen.
Wichtige Vorkommen: Alle pflanzlichen Nahrungsmittel wie Gemüse, Obst, Nüsse, Hülsenfrüchte, Pilze, Getreideprodukte, aber auch Fleisch und Käse.
Empfohlene Zufuhrmenge pro Tag: 2 Gramm
Das passiert bei Unterversorgung: Übelkeit, Erbrechen, Muskelschwäche, Muskellähmung, Appetitlosigkeit, Herzrhythmusstörungen, Atemnot. Es kann durch länger andauernde Diäten, einen hohen Alkoholkonsum, Medikamente, Erbrechen und Durchfälle und Abführmittelmissbrauch zur Unterversorgung kommen.
Nebenwirkungen bei erhöhter Zufuhr: Überschüssiges Kalium wird bei gesunden Menschen über die Niere ausgeschieden. Bei bestimmten Krankheiten kann es zu einer Erhöhung des Kaliumspiegels kommen. Das zeigt sich durch Muskel- und Nervenstörungen sowie in einer Beeinträchtigung der Herz-Kreislauf-Funktionen.

Tipp: Man sollte immer Sport treiben, sich regelmäßig im Freien bewegen, sich vollwertig, abwechslungs- und ballaststoffreich mit viel Gemüse und Obst ernähren. Unterernährung, einseitige Ernährung, Abführmittel- und Alkoholmißbrauch sowie starkes Schwitzen führen zu einer Kaliumverarmung.

Phosphor – unser Motor

So wirkt es: Phosphor kommt im Körper nur als Phosphat, also in der Verbindung mit Sauerstoff vor. Ohne Phosphat hätten wir keine festen Zähne und Knochen. Mehr als 80 Prozent befinden sich dort, der Rest verteilt sich auf Gewebe und Blut. Phosphorsäurehaltige Verbindungen sorgen im übrigen auch dafür, dass die aufgenommene Nahrung in Energie umgewandelt, gespeichert und verwertet werden kann.

Wichtige Vorkommen: Phosphat kommt praktisch in allen Lebensmitteln vor. Die Phosphataufnahme ist mit der Calciumaufnahme gekoppelt. Als günstig wird ein Calcium-Phosphat-Verhältnis von 1 bis 0,7 angesehen. Ein gutes Calcium-Phosphat-Verhältnis besitzen Milch und Milchprodukte, Tofu, Sesam, Kohl- und Blattgemüse, Vollmilchschokolade und Beerenobst. Ein ungünstiges Verhältnis finden wir bei Cola-Getränken, Nüssen, Hülsenfrüchten, Getreide, Fisch, Fleisch und Innereien.
Gut verträgliche Zufuhrmenge pro Tag: 1200 bis 1400 Milligramm
Das passiert bei Unterversorgung: Da in fast allen Nahrungsmitteln Phosphat enthalten ist, kann es kaum zu einer Unterversorgung kommen. Mangelerscheinungen können jedoch als Folge von Nierenfunktionsstörungen oder Vitamin-D-Mangel auftreten. Sie zeigen sich in Wachstumsstörungen und Skelettdeformationen.
Nebenwirkungen bei erhöhter Zufuhr: Bei gesunden Menschen sind keine Nebenwirkungen bekannt. Bei Nierenerkrankungen und einer Unterfunktion der Nebenschilddrüse kann es zu einer geringeren Phosphatausscheidung kommen und im weiteren Verlauf zu Knochenabbau führen.

Tipp: Phosphat ist ein beliebter Zusatz in Schmelzkäse, Wurstwaren, Fertiggerichten, Fertiggsaucen, Cremespeisen, Eiscreme, Backmischungen, Cola-Getränken und anderen industriell gefertigten Lebensmitteln. Seit vielen Jahren wird diskutiert, ob hyperaktive Kinder (hyperkinetisches Syndrom = HKS) mit einer phosphatarmen Ernährung geheilt werden können. Man vermutet nämlich, dass bei zappeligen und nervösen Kindern HKS auch durch zu viele zuckerhaltige Getränke und Zusatzstoffe wie Farbstoffe, Emulgatoren und Konservierungsstoffe in Lebensmitteln ausgelöst wird. Selbsthilfegruppen berichten immer wieder von Heilerfolgen durch Vermeidung aller diskutierten Inhaltsstoffe in der Nahrung. Kontrollierte Untersuchungen konnten diese Ergebnisse jedoch nicht bestätigen.

Schwefel – Baustoff für die Entgiftung

So wirkt er: Schwefel brauchen wir zum Aufbau des körpereigenen Eiweißes. Darüber hinaus ist Schwefel am Aufbau unseres Bindegewebes und an den Entgiftungsprozessen beteiligt. Die in winzigen Mengen vorkommenden schwefelhaltigen Verbindungen aus Zwiebelgewächsen und Senf wirken teilweise antimikrobiell und antibiotisch.

Wichtige Vorkommen: Gute Nahrungsquellen für die Schwefelzufuhr sind Fisch, Fleisch, Leber, Eier, Milchprodukte, Paranüsse, Sesam, Hülsenfrüchte, Sonnenblumenkerne, Hirse und Haferflocken.
Empfohlene Zufuhrmenge pro Tag: Da wir ausreichend viel Schwefel mit der Nahrung aufnehmen, gibt es offiziell keine Empfehlungen.
Das passiert bei Unterversorgung: Mangelerscheinungen sind bisher nicht bekannt.
Nebenwirkungen bei erhöhter Zufuhr: Sind bis heute nicht bekannt. Da Weine meistens geschwefelt werden und Dörrobst und andere Lebensmittel wie Fruchtsäfte, Pürees mit Schwefeldioxid haltbar gemacht werden, können gesundheitsschädliche Wirkungen durch diesen Zusatzstoff entstehen. Eine erbgutschädigende Wirkung wird diskutiert. Deshalb ist die Zufuhr laut Lebensmittelgesetz beschränkt.

Zu den **SPURENELEMENTEN** gehören unter anderem Eisen, Jod, Fluor und Zink. Empfehlungen für die Zufuhr können nur für Eisen, Jod und Zink gegeben werden. Für andere Spurenelemente liegen nur Schätzwerte vor und bei einem Großteil kann der Bedarf bisher nicht einmal geschätzt werden. Es steht jedoch fest, dass der Mensch winzige Mengen davon mit der Nahrung aufnehmen muss, um lebensnotwendige Funktionen im Körper aufrechterhalten zu können.
In unserem Körper befinden sich rund 10 Gramm Spurenelemente.

Eisen sorgt für Sauerstoff im Blut

So wirkt es: Eisen ist ein lebenswichtiger Mineralstoff. Er ermöglicht im Blut und Muskel den Transport von Sauerstoff. Eisen ist Bestandteil wichtiger Enzyme und darüber hinaus an wichtigen Stoffwechselfunktionen wie Energiegewinnung und Schutz vor Sauerstoff beteiligt.
Wichtige Vorkommen: Innereien, Fleisch, Wurst, Wild, Geflügel, Vollkornprodukte, Spinat, Mangold, Schwarzwurzeln, Kohl und Hülsenfrüchte. Im allgemeinen ist tierisches Eisen beispielsweise aus Fleisch besser verfügbar als Eisen aus pflanzlichen Produkten. Die Eisenaufnahme aus pflanzlichen Produkten kann durch eine Kombination mit Fleisch oder Fisch sowie Vitamin-C-haltigen Lebensmitteln erhöht werden.

Empfohlene Zufuhrmenge pro Tag:
12 bis 15 Milligramm
Frauen sollten etwa 2 Milligramm mehr als Männer aufnehmen, um die Verluste durch die Menstruationsblutung auszugleichen.
Das passiert bei Unterversorgung: Zu einer Unterversorgung kann es durch zu wenig Nahrungsaufnahme, hohe Blutverluste (auch durch starke Menstruation) oder durch Krankheit kommen.
„Blutarmut“ liegt vor, wenn die Größe und Menge der roten Blutkörperchen reduziert ist. Dadurch wird der gesamte Körper mit weniger Sauerstoff versorgt. Der Mensch leidet unter Appetitlosigkeit, Müdigkeit, allgemeiner Abgeschlagenheit und Erschöpfung.
Nebenwirkungen bei erhöhter Zufuhr: Bei gesunden Menschen sind keine Nebenwirkungen durch die Zufuhr von Nahrungseisen bekannt. Menschen mit Eisenstoffwechselstörungen nehmen wesentlich mehr Eisen als gesunde über den Darm in den Körper auf. Die Folge sind durch eine Eisenspeicherung verursachte Gewebsschädigung, vor allem in der Leber, Bauchspeicheldrüse und im Herzmuskel.

Tipp: Bei tiefgekühltem Spinat ist die Eisenaufnahme höher als bei frischem Spinat.
Das Eisen aus der Nahrung wird vom Körper besser aufgenommen, wenn es mit Vitamin-C-haltigen Speisen und Getränken kombiniert wird.

Jod für Schilddrüse und Wohlbefinden

So wirkt es: Der Mineralstoff wird in der Schilddrüse, unserem größten Speicherorgan für Jod, in Schilddrüsenhormone eingebaut. Diese Hormone steuern das kindliche und jugendliche Wachstum und sind unerlässlich für die körperliche Entwicklung. Schilddrüsenhormone beeinflussen den Grundbedarf des Körpers an Energie (Grundumsatz).
Wichtige Vorkommen: Seefisch, Muscheln, Seetang, Getreide und einige Gemüsesorten.
Empfohlene Zufuhrmenge pro Tag:
180 bis 200 Mikrogramm
Das passiert bei Unterversorgung: Bei Jodmangel vergrößert sich die Schilddrüse (Kropfbildung).

Starker Jodmangel führt zu einer Funktionsstörung der Schilddrüse, verbunden mit Konzentrationsschwäche, Gewichtszunahme, Müdigkeit, trockener Haut und spröden Haaren.
Nebenwirkungen bei erhöhter Zufuhr: Durch die Nahrung kann keine Überdosierung verursacht werden. Eine Erhöhung der Jodzufuhr um eine oder mehrere Zehnerpotenzen kann zur Schilddrüsenüberfunktion oder zu einer sogenannten Jodakne führen.

Tipp: Jodmangel tritt bei uns sehr häufig auf. Empfehlenswert in der täglichen Küchenpraxis ist jodiertes Speisesalz, um eine ausreichende Versorgung mit Jod sicherzustellen. **Wichtig:** Wöchentlich mindestens zweimal Seefisch verzehren, Jodpräparate aber nie ohne Befragen des Arztes einnehmen.

Fluor verhindert Karies

So wirkt es: Fluor ist unerlässlich für stabile Knochen und Zähne. Dieser Mineralstoff härtet den Zahnschmelz und schützt die Zähne gegen Karies.

Wichtige Vorkommen: Seefisch und Meerestiere (Lachs, Garnelen, Austern), schwarzer Tee, Walnüsse, Innereien und einige Mineralwässer.
Empfohlene Zufuhrmenge pro Tag: 1,5 bis 4 Milligramm
Das passiert bei Unterversorgung: Bei einer ausgewogenen, vollwertigen Ernährung tritt kein Mangel auf.
Bei einem richtigen Fluormangel wird den Knochen Kalk entzogen.
Nebenwirkungen bei erhöhter Zufuhr: Kann bei ernährungsbedingter Aufnahme nicht vorkommen. Eine erhöhte Fluoridzufuhr kann bei Kindern (nur während der Zahnbildung) zu einer fleckigen Zahnschmelzveränderung (Zahnfluorose) führen.

Tipp: Wer Karies vermeiden möchte, sollte möglichst auf Süßes verzichten, sich nach jedem Essen die Zähne putzen und sich vollwertig ernähren. Wer ständig an einem Bonbon lutscht oder dauernd Schokolade oder Ähnliches isst, schadet damit dem Zahnschmelz und den Zähnen. Besser für die Zähne ist es, Süßes am Stück auf einmal zu verzehren und sich danach die Zähne zu reinigen oder den Mund auszuspülen. Vorbeugend gegen Karies wirken fluoridhaltige Zahncremes, fluoridiertes Speisesalz, Fluoridtabletten und Trinkwasser mit mehr als 0,7 Milligramm Fluorid pro Liter.

Zink für Haut und Haar, Wachstum und Immunsystem

So wirkt es: Der Mineralstoff wird von vielen Enzymen benötigt, er hat Einfluss auf das Immunsystem, auf Haut und Haare, auf den Stoffwechsel von Eiweiß und Kohlenhydraten.

Wichtige Vorkommen: Austern, Garnelen, Hummer, Innereien, Fleisch, Fisch, Milch und Milchprodukte sowie Vollkorngetreide und einige Gemüse.
Empfohlene Zufuhrmenge pro Tag: 12 bis 15 Milligramm
Das passiert bei Unterversorgung: Appetitlosigkeit, Störungen im Fett-, Eiweiß- und Kohlenhydratstoffwechsel, Wachstumsstörungen, verminderte Wundheilung.
Es kann zu erhöhter Anfälligkeit für Infektionskrankheiten kommen, möglich sind auch Haarausfall, schuppige Haut und verzögerte Wundheilung. Ein Zinkmangel kann auch zu Verlust oder Einschränkung des Geschmacks- und Geruchssinns führen.
Nebenwirkungen bei erhöhter Zufuhr: Zink ist in sehr hohen Dosen giftig. Es kommt zu Übelkeit und Erbrechen, Magenbeschwerden und Durchfall. Nahrung und Getränke sollten nie in Zinkbehältern aufbewahrt oder zubereitet werden.

Es gibt weitere Spurenelemente wie Chrom (wichtig für den Kohlenhydratstoffwechsel), Kobalt (Bestandteil des Vitamin B_{12}) sowie Kupfer (an der Bildung von roten Blutkörperchen beteiligt), Mangan und Molybdän (Bestandteil vieler Enzyme) und Selen (schützt die Zellen), die von der Wissenschaft als lebensnotwendig erkannt wurden, aber für deren Aufnahme es heute noch keine eindeutigen Empfehlungen gibt. Die tägliche Aufnahme liegt im Mikrogrammbereich.

Die Rezepte nach Gruppen

Soweit in den Rezepten nichts anderes vermerkt ist, sind die Zutaten für vier Personen berechnet.

Erklärung der Schwierigkeitsgrade:
1 = einfach,
2 = etwas schwieriger
3 = für Geübte

Abkürzungen:

EL	=	*Esslöffel*
TL	=	*Teelöffel*
g	=	*Gramm*
kg	=	*Kilogramm*
Msp.	=	*Messerspitze*
ml	=	*Milliliter*
mg	=	*Milligramm*
µg	=	*Mikrogramm*
kcal	=	*Kilokalorien*
kJ	=	*Kilojoule*
EW	=	*Eiweiß*
F	=	*Fett*
KH	=	*Kohlenhydrate*
B	=	*Ballaststoffe*

Die Rezepte alphabetisch

Bildquellen
Impressum

Archiv für Kunst und Geschichte, Berlin: 16, 17
Bilderberg: Nomi Baumgartl 5, 22; Frieder Blickle 14;
Florian Wagner 21
DGE-Ernährungskreis; Copyright: Deutsche Gesellschaft für Ernährung e.V., Frankfurt/M. 8/9
IFA: AGE 11 unten; Digul 42; Tschanz 26; Wolf 114
Premium: Maximilian 18/19, 25; RIL 110
Sigloch Edition/Bildarchiv: Hans Joachim Döbbelin 4, 11 oben und Mitte, 12, 27, 28/29, 58/59, 86/87, 116/117, 148/149, 178 beide, 179, 180, 181 beide, 182 beide, 183, 184 beide, 185 beide und alle Rezeptfotos auf den ungeraden Seiten 31 bis 177
Tony Stone: Christopher Bissel 6; Peter Cade 2; Chris Everard 24; Tony Latham 20; Dave Rosenberg 15; Richard Shock 7

Redaktionelle Bearbeitung: Regina Dietrich

 Printed in Germany
Reproduktion: Otterbach Repro, Rastatt
Satz: Sigloch Edition, Künzelsau
Druck: Druckerei W. Kohlhammer, Stuttgart
Papier: 135 g/m² nopaCoat classic gloss TCF, Nordland Papier AG, Dörpen
Bindearbeiten: Sigloch Buchbinderei, Künzelsau
ISBN 3-89393-177-5

Reihenweise Kulinarische Köstlichkeiten

In gleicher Ausstattung sind weitere Titel lieferbar.